CHILE EN EL ABISMO

CHILE EN EL ABISMO

APUNTES SOBRE LA
REVOLUCIÓN CHILENA

Reflexiones de un emboscado

JOC

Ω

CHILE EN EL ABISMO. APUNTES SOBRE LA REVOLUCIÓN CHILENA
© Javier Orrego Corcuera
Inscripción N° 2021-A-2529
Maquetación y diseño: Javier Orrego Corcuera
Autoedición
Talca, junio de 2021

ÍNDICE

Vivimos en una nueva era de oscurantismo y de esclavitud en la que el pensamiento hegemónico de raíz progresista ha devenido en credo.

Desde que lograron convencer al mundo de que son los poseedores de la verdad, los nuevos sacerdotes no necesitan alcanzar la cabecera de los Estados, pues ejercen el poder prescribiendo las normas de la corrección política a las que deben someterse los gobernantes del mundo.

Así, los apóstoles de la nueva era se han arrogado la potestad de establecer lo que debe ser considerado verdad y lo que no, controlando a su antojo lo que ha de ser enseñado a los niños en las aulas y a los futuros profesionales en las universidades.

Regulan, además, los contenidos de la industria de la entretención y la línea editorial de los medios de comunicación.

Es el mundo feliz del progresismo mundial, el reino de los estados populares que tan bien describió Ayn Rand en *La rebelión de Atlas*.

Han abolido la ciencia, el espíritu y la razón en beneficio de una ideología desquiciada, propia de psicópatas, cuyo único propósito es la destrucción del orden social y la aniquilación del anhelo humano de trascendencia.

Son fríos y calculadores, como máquinas, pues se comportan como autómatas violentos y despiadados consagrados a un único propósito: arrancar del mundo todo rastro de humanidad, sentando las bases del su reino posthumano.

Son desalmados, pues aspiran a despojar al hombre de la voluntad de vivir arrebatándole su libertad, confinando al espíritu a un espacio en el que sólo le queda perecer revolcándose en el miasma de las pasiones desbordadas del animal-hombre.

Representan, en suma, la muerte de todo lo bueno, bello y verdadero de la experiencia humana.

Son, sin lugar a dudas, la hez de la tierra... y se necesitan hombres y mujeres de verdad para luchar contra ellos.

SOLO QUEDA RESISTIR HASTA VENCER.

PRESENTACIÓN

Exceptuando el texto de la introducción, que fue escrito varios años antes de la crisis que actualmente aflige a Chile, este libro recoge, aunque actualizadas, algunas reflexiones publicadas previamente en un blog personal sobre el proceso revolucionario que comenzó el 18 de octubre de 2019, incluyendo un breve análisis respecto del papel que han desempeñado los distintos actores involucrados. Al finalizar la revisión de los textos, me pareció oportuno añadir un comentario sobre la carta que Monseñor Carlo María Viganò envió al presidente Donald Trump el 13 de junio de 2020, porque su mensaje resume, de manera sobresaliente, lo que a juicio de este autor está sucediendo en el mundo.

Tengo claro que algunos de los conceptos expuestos en estas páginas incomodarán a mucha gente pues en ellas se enjuicia no sólo a los sectores de la izquierda radical, responsables directos de la crisis, sino a quienes están en la otra vereda, en especial al gobierno de Sebastián Piñera y, en general, a toda la derecha, incluyendo al Partido Republicano. Además, se ofrece una visión crítica de la actitud que hasta ahora han tenido las FF.AA., lo que le valió a este autor el repudio de algunos oficiales en retiro del Ejército de Chile.

Dejo claro que discrepo de los caminos que ha tomado la derecha para hacer frente a la crisis. Entre otras cosas, contrariamente a lo que opinan muchos en los sectores más conservadores, sostengo que lo que sucedió en Chile a partir del 18-O fue, efectivamente, un estallido social, lo que bajo ningún punto de vista es incompatible con el análisis que se hace en relación a la intencionalidad y la coordinación que se observa en el desarrollo de los hechos, siendo imposible a este respecto negar el rol que han desempeñado los conspiradores del Grupo de Puebla y sus lacayos intramuros (PC, Frente Amplio, etc.).

En realidad, los conjurados sólo tuvieron que encender la mecha y esconder la mano, pues llevaban décadas preparando el escenario ideal para su revolución. Lo único que tenían que hacer era esperar el momento adecuado para que las semillas que sembraron con tanta paciencia dieran sus frutos. El odio, el resentimiento, la vocación por la violencia y el victimismo, entre otras características tan propias de las actuales generaciones, eran las esquirlas que saltarían espontáneamente ante cualquier estímulo. Llegado el momento estas emociones, transformadas en una mentalidad, en un modo de ser, habían copado el espacio psicológico de la sociedad nacional saturando la conciencia de los ciudadanos y, lo más importante, aniquilando todo intento de resistencia por parte de quienes estaban en la trinchera opuesta, especialmente a nivel de autoridades. Así, llegado el 18 de octubre de 2019, quienes por mandato constitucional estaban obligados a velar por la estabilidad institucional del país y defender el orden público, se encontraban completamente desarmados anímicamente. Los arquitectos de la revolución sabían que, una vez iniciados los disturbios en las calles, las semillas del descontento se esparcirían como esporas en todas direcciones contaminando las mentes débiles de las muchedumbres.

XXXXXXXXXXX

En tales circunstancias fue sencillo conseguir que la gente saliera voluntariamente a expresar su indignación. El resentimiento subyacente se hizo carne en sectores no militantes que se sienten excluidos del modelo de desarrollo seguido por Chile en las últimas décadas (hay que entender que este es un tema de percepción, no necesariamente de realidad). Esta condición abarca un amplio espectro de individuos pertenecientes a distintos grupos sociales, reuniendo una amalgama de idiosincrasias y sensibilidades que va desde la aporreada clase media hasta los enrarecidos círculos de la izquierda radical y los grupos anticapitalistas y antisistémicos, entre los que destacan anarquistas, barras bravas, inmigrantes ilegales y mero lumpen, además de grupos radicales de diverso cuño, indigenistas, feministas, animalistas, ecologistas, comunidad LGBT, etc. Todos estos sectores se sumarían gustosos a cualquier invitación a salir a las calles a manifestar sus frustraciones, algunos pacíficamente —clase media, profesionales, empleados públicos—, otros con la única intención de llevarse todo por delante en defensa de una supuesta "dignidad", que se entendía pisoteada por la élite gobernante.

En el fondo, bastaba con mover las clavijas correctas para encausar los estados de malestar propios de la vida moderna que afectan a un gran porcentaje de la población —y que se traducen en altos niveles de estrés, ansiedad, depresión e insatisfacción generalizada—, para dirigirlos contra el supuesto culpable: el modelo económico, sostenido a su vez por una clase política desconectada de la realidad que suele abusar de sus privilegios. Plantado el chivo expiatorio el siguiente paso era, obviamente, "cambiar el modelo". De ahí a querer reemplazar la Constitución había un trecho muy corto que recorrer, bastaría con introducir el eslogan en las marchas y hacer resonar el eco de las consignas en los sets de televisión, que fue exactamente lo que sucedió. La fórmula era simple: ellos ponían la música y el pueblo bailaba. A fin de cuentas, la gente quería vivir en un país "más digno", "más justo", "donde nadie sobre" (excepto, claro está, los "ricos" y los "fachos" defensores del modelo). El anhelo por una nueva Constitución era la joya de la corona — después de todo, Bachelet había allanado el camino para ese cambio—, de modo que a la derecha blanda, deconstruida, devenida en progresista por causa de la aguda anemia intelectual que padece, cayó mansamente en la trampa y terminó por firmar el famoso acuerdo del 15 de noviembre de 2019 que abrió las puertas al proceso constituyente. Añadamos que, si fuera posible sacar una fotografía a las convicciones de los líderes de la derecha chilena, la imagen saldría, sin duda, muy pixelada.

Lo que sucedió después era previsible, una derrota catastrófica en las urnas: el "pueblo" quería, en efecto, una nueva Constitución. Después de todo, para la enorme mayoría de la gente una Constitución es algo así como una lista de supermercado o un pozo de los deseos. La ignorancia generalizada que hace posible que esa forma de pensar —o más bien de *no-pensar*— cristalice en apoyo a esta clase de reformas, es una consecuencia de las políticas educacionales aplicadas por los sucesivos gobiernos desde el retorno a la democracia, promovidas por "expertos" cuya concepción de la educación pública terminó por despojar a las nuevas generaciones del amor por la historia patria, el respeto por las tradiciones y el sentido de responsabilidad cívica que caracterizó a la generación de sus padres y abuelos, promoviendo en cambio una actitud blandengue, enfermiza e irresponsable, masificando entre los estudiantes el síndrome del hijo único malcriado que se siente víctima de todas las injusticias y tiranías posibles, reales e inventadas, en una suerte de contagio neurótico e histérico de un relato amañado a la medida del sujeto que necesitaban las revoluciones del futuro. Así, la recuperación de la democracia dio a luz a toda una generación de jóvenes egocéntricos necesitados de atención permanente, muchos de ellos individuos caprichosos, volubles, maleducados y ávidos de gratificación inmediata ante todas sus demandas. Lo curioso es que ese manejo coincidió con el continuo deterioro de los contenidos ofrecidos por los medios de comunicación y por la industria del entretenimiento, que fueron inoculando en la sociedad el mismo sentido de orfandad, los mismos antivalores, la misma decadencia.

No obstante, frente a la disyuntiva, los "defensores del modelo" llegaron a creer que, tras su propio abandono de las convicciones que lo hicieron posible —diríamos, su claudicación frente al supuesto espíritu de los tiempos—, la ciudadanía vendría a salvarlos de la debacle rechazando la llamada a reformar la Constitución. Una vez más, no supieron leer lo que estaba sucediendo. La escuálida votación obtenida por la opción rechazo en el Plebiscito Nacional 2020 debió ser percibida como un castigo a la consuetudinaria falta de empatía de buena parte de la clase dirigente chilena, partiendo por un segmento de empresarios que son percibidos como abusivos y explotadores, pero extendiéndose también a la torpe y presuntuosa derecha chilena que nunca entendió que se estaba perdiendo la batalla más importante de todas, la cultural, porque jamás se dio por enterada —¡todavía no lo hace!— que en el terreno de la cultura se estaba librando una guerra devastadora.

Ni qué decir de los desastrosos resultados obtenidos en las recientes elecciones del 15 y 16 de mayo de 2021, con la estrepitosa derrota de los sectores representantes de la llamada derecha nacional reunida en el pacto *Vamos por Chile*, que finalmente no llegó a ninguna parte. Es increíble cómo, en su tozudez, algunos se aferraron a la esperanza de obtener resultados distintos haciendo exactamente lo mismo que seis meses antes. La nueva derrota, sin embargo, parece no haber hecho mella en muchos de los representantes de esta derecha miope, *pixelada*, pues todo indica que, de cara a las elecciones presidenciales y parlamentarias de noviembre, continuarán apelando a los mismos argumentos, a las mismas prácticas trasnochadas nacidas en el siglo anterior a modo de último saludo de viejas banderas que, aparentemente, están destinadas a hundirse definitivamente con ellos en el tenebroso abismo que parece estar a punto de devorar Chile.

Aclaro que estoy consciente de que al publicar este libro asumo el riesgo de molestar a un dragón que hasta ahora ni siquiera sabe de mi existencia. Lo hago, sin embargo, por amor a la verdad, *mi* verdad, que no tiene porqué ser *la Verdad*, así con mayúsculas, sino tan sólo un punto de vista más.

Espero, con humildad, que le sirva a alguien.

ENTREPARÉNTESIS
¿MERECÍA PIÑERA TERMINAR
SU MANDATO?

Sebastián Piñera Echeñique fue elegido democráticamente con un 54.5 % de los votos. Es decir, nadie en su sano juicio puede poner en duda que Piñera es hoy, en efecto, el presidente legítimo de todos los chilenos. El problema es que, una vez que se hizo evidente que no defendería el estado de derecho, la pregunta que debimos hacernos, es: ¿es bueno para el país mantener en el poder a un gobernante que no está cumpliendo con el principal cometido que le encomienda la Constitución de la República? ¿De qué sombrero de mago sacaron los políticos y analistas de la supuesta "derecha" nacional la hipótesis de que sostenerlo en La Moneda podía ser una manera eficiente de defender la institucionalidad?

Por cierto, me queda claro que lo que voy a decir me pone a contracorriente de la opinión mayoritaria de quienes, horrorizados por lo que está sucediendo en Chile, se aferran a la débil esperanza de que el proceso constituyente aquiete las aguas y le devuelva al país algo de la paz extraviada tras el estallido social —y delictual— de octubre de 2019. En lo personal, me parece que fue un error de proporciones creer que se defendía la institucionalidad manteniendo en el ejercicio de sus funciones a quien, de hecho, entregó el país a los enemigos declarados de dicha institucionalidad. Porque es claro que la administración de Piñera nunca tuvo la voluntad de preservar el estado de derecho, dejando a millones de chilenos en la más completa indefensión. En efecto, desde el 18 de octubre de 2019 las calles de este país, asoladas por el caos y la violencia, se convirtieron en territorio de nadie debido a la ineptitud y a la falta de pantalones del propio presidente y de sus ministros para defender el orden constitucional. Es decir, los ciudadanos de este país se quedaron huérfanos de autoridades capaces de defender su vida y su dignidad, ni qué decir la propiedad privada, el orden público, la infraestructura urbana. A este respecto, se puede afirmar, sin margen de error, que el presidente Piñera traicionó de manera flagrante no sólo a quienes votaron por él, sino al país entero, incluyendo a las futuras generaciones de chilenos.

Porque, teniendo en cuenta el nivel de destrucción del espacio público, el progresivo derrumbe de la economía y el alarmante deterioro de los niveles de convivencia en todos los niveles, en lugar de continuar defendiendo lo indefendible, lo que deberíamos habernos preguntado en su momento es: *¿Qué quedará de Chile cuando Piñera termine su mandato?*

Obviamente, lo que podría excusar al primer mandatario es que hubiera estado enterado de alguna amenaza —probablemente interior— que el resto del país ignora, una amenaza absolutamente perturbadora que pudo haberlo tenido, desde el origen mismo de la insurrección, atado de manos.

¿Hubo algo de eso, señor Piñera?

INTRODUCCIÓN. LA DERROTA CULTURAL[1]

La ficción desmonta la realidad y la reconstruye a partir de componentes emocionales. Por ejemplo, narrar un asalto a un banco desde el punto de vista del ladrón hace que el lector/espectador se identifique con él, asumiendo como propio su objetivo: el lector/espectador deseará que el ladrón tenga éxito y que la policía fracase en su intento de capturarlo. Lo mismo sucede si la narración se centra en las peripecias de un asesino a sueldo contratado para matar a alguien. En rigor, la ficción consigue que individuos que habitualmente no son ladrones de bancos ni asesinos den vida interior a sentimientos y emociones que jamás harían propios en la vida real. Estos dos casos extremos ilustran lo que ocurre con las artes escénicas, la literatura, el cine y la televisión en la construcción de la identidad individual y colectiva de los seres humanos y de los pueblos.

La importancia de contar historias era conocida por los pueblos antiguos. A lo largo de los siglos los hombres han recurrido a la ficción y al arte en general para transmitir ideas, creencias, valores. Todo pueblo tiene una mitología detrás, un mito fundacional, una saga, una narración que da sustento a su identidad, una tradición en que se funda su propia existencia y su propio modo de ser, su psicología, su *ethos* particular.

---

[1] Este comentario fue escrito varios años antes de la crisis que actualmente aflige a Chile, siendo actualizado poco después de que el presidente Piñera asumiera su segundo mandato.

Una fábula, un cuento, un poema, una canción, una película, una novela —en suma, una historia narrada— tienen infinitamente más poder sobre la naturaleza humana que cualquier axioma científico o demostración estadística de una verdad objetiva, por evidente que esta sea.

"Matar es malo" es una sentencia universalmente compartida por la inmensa mayoría de los seres humanos. Pero si se cuenta la historia de un asesinato desde el punto de vista del asesino es bastante probable que la gente empatice con él.

Y aquí está la clave: en la necesidad de *empatizar*, que es la capacidad de ponerse en el lugar de otro, de identificarse con el estado de ánimo ajeno, con el dolor, el sufrimiento, los valores, el destino, la causa de otro. Los seres humanos no empatizamos con el teorema de Pitágoras, ni con la ley de gravedad. Empatizar no es un acto que tenga que ver con la razón. Las narraciones, en cambio, apelan al mismo atributo humano que nos lleva a sentir empatía por otros: las emociones, la sensibilidad, los sentimientos. Combinando luego sensibilidad y razón es posible construir una ética, un código moral, una escala de valores. Por eso todas las religiones surgieron a partir de un mito fundacional, de una narración épica de redención, de salvación, que da cuenta de un nuevo nacimiento.

Algunas ideologías han recurrido al mismo método. El marxismo, el fascismo, el nazismo, el islamismo, el maoísmo, etc., son sistemas de creencias, visiones de mundo, que buscan establecer una verdad sobre la cual construir un modelo de sociedad. Todas ellas fundan su existencia en una narrativa concreta que sintetiza un punto de vista. Esta concepción da origen a una doctrina, que en lo medular es una exposición interpretativa de la realidad a partir de un enfoque preciso sobre la vida humana, la vida en sociedad y los hechos históricos.

Aquellos que, por ejemplo, no logran explicarse la supervivencia del comunismo a pesar de la evidencia incontrastable de su fracaso, no han considerado en profundidad este dato: el comunismo, como toda ideología, se funda en un relato que resume una concepción específica de la vida humana. Por lo mismo, ha dado origen a un mito —basado en la interpretación marxista de la historia, cuyos componentes esenciales son la crítica del capitalismo y la lucha de clases—, y una utopía, que opera en la psiquis como la promesa de un paraíso futuro, la construcción de una sociedad sin clases en la que cada quien contribuya según sus capacidades y reciba según sus necesidades.

El naufragio del arcoíris

En relación a la historia reciente de Chile, queda claro porqué algunos sectores que apoyaron al gobierno militar reemplazaron tan fácilmente la expresión "régimen militar" por la palabra "dictadura" para referirse al período de 1973-1990; o porqué para amplios sectores de la sociedad chilena es legítimo levantar un monumento a Salvador Allende e impensable siquiera realizarle un homenaje al general Pinochet. La explicación es simple: la izquierda se apropió del relato de lo sucedido el año 73 instalando en la psiquis colectiva una interpretación que asumió las veces de dogma. A partir de entonces negar esa verdad oficial equivalía a incurrir en una herejía que sería ampliamente castigada ante la opinión pública a través de los medios de comunicación, que llevan tres décadas operando como policía del pensamiento haciéndole el juego a los grandes inquisidores de la izquierda chilena.

Por supuesto, se ha derramado mucha tinta desde los sectores que apoyaron el golpe de estado ofreciendo múltiples razones y argumentos por los que fue necesario intervenir en 1973 ante el estado de caos, violencia e ingobernabilidad al que la izquierda de entonces estaba arrastrando al país. Los militares salvaron a Chile del desastre, pero la opinión pública chilena —y mundial— se quedó con el relato de los vencidos, pergeñado desde la clandestinidad y el exilio por artistas e intelectuales que simpatizaban con el mito de Allende y su "vía pacífica al socialismo".

El presidente Allende encarnó, para ellos, al héroe caído que murió defendiendo sus ideales. De igual forma, según este mito, sus seguidores, militantes como él del sueño socialista, no eran más que trabajadores, campesinos y estudiantes idealistas cuyo único pecado fue luchar por "construir una sociedad mejor". En tal escenario, los militares y la derecha encarnaron el mal puro y simple, el mal a secas. Los mil días del gobierno de la Unidad Popular fueron, para ellos, una especie de paraíso perdido, una era dorada de justicia social, esperanza y libertad. Según este discurso, la sociedad chilena estaba alcanzando niveles nunca antes vistos de justicia e igualdad. Así las cosas, apuntan los exégetas de la izquierda, los descerebrados oligarcas de la derecha política y económica se propusieron destruir, a como diera lugar —con la ayuda, por supuesto, del imperialismo yanqui—, ese paraíso socialista.

Los argumentos racionales que refutan esa versión de la historia, las pruebas concretas del descalabro económico, los razonamientos jurídicos, los sesudos análisis y estudios políticos, sociológicos e históricos, no bastan para hacer frente al arrebato poético, a la epopeya que exalta una gesta heroica, el sentimentalismo, el desborde emocional.

La izquierda se apropió de la "verdad" a fuerza de estrofas entonadas a coro en las peñas universitarias, de performances que rompían los esquemas y convencionalismos sociales, poemas que exaltaban los ideales de la revolución, la resistencia, la lucha contra el poder. La oferta incluía panfletos, audiovisuales, relatos testimoniales, obras de teatro, películas y largo etcétera de creaciones y productos culturales en todos los ámbitos. La verdad se plantó en el cerebro de las masas en clave de parábola, de fábula, a modo de alegoría y emblema del legítimo anhelo de libertad, igualdad y fraternidad humana, apelando a la natural rebeldía de los jóvenes. El caballo de Troya fue la cultura popular, transgresora, rebelde, adolescente por antonomasia. Los perseguidos no fueron tales por haber llamado a la subversión o por haber cometido todo tipo de crímenes, abusos y tropelías, sino simplemente por "pensar distinto".

Sobraban las pruebas que demostraban que no sólo pensaban distinto, sino que destruyeron la economía y violaron las leyes, llamando a tomarse el poder por las armas y desatando un clima de violencia feroz en las calles, en las aulas universitarias, en los colegios, en los campos, atentando gravemente, precisamente ellos, contra los derechos fundamentales de quienes no pensaban igual, violando la propiedad privada y destruyendo la capacidad productiva del país, sin mencionar los niveles de corrupción y descomposición moral que atravesaban todo el aparato del Estado.

Pero el "relato" se hizo cargo de torcerlo todo.

El problema es que del otro lado no hubo respuesta. A la derecha simplemente no le interesa —ni entonces, ni ahora— el arte que surge de las masas, la cultura popular, la crítica social, el grito de auxilio de los que ponen el dedo en la llaga. No se hace cargo, mira para otro lado, se desentiende. Lo suyo es la cultura meramente decorativa: el arte debe circunscribirse a los museos, las ideas a los libros y a los claustros académicos, la sensibilidad debe ser domada.

Y el vacío que deja esa ausencia es llenado desde la vereda del frente. Los jóvenes de los 80, incluso los hijos de "los ricos", cuando querían consumir arte, literatura, música popular, casi no tenían opción. Hasta la derecha deliraba con Silvio Rodríguez, Pablo Milanés, Mercedes Sosa, Inti Illimani. La oferta era —y es— amplia en todos los rubros. A todos les habían "robado la noche", y junto con la noche, los *sueños*, la *justicia*, la *libertad*. Y así se fue reescribiendo la historia. Lenta e inexorablemente los herederos del sueño socialista se adueñaron de la verdad. Allende, el Che Guevara, Fidel Castro, entre otros paladines de la izquierda latinoamericana, lucían bien en muros, afiches, camisetas. Bastaba citar unos párrafos de Galeano, el último discurso de Allende, un verso de Neruda, Violeta Parra, Víctor Jara, y algunos entraban en trance, arrobados. Pinochet, por otro lado, pasó a formar parte del panteón de demonios del mundo moderno de la mano de Hitler, Mussolini, Franco, Batista. ¿Cómo se podía simpatizar con Pinochet y ser buena gente al mismo tiempo?

Lo increíble del caso es que esta situación perdura hasta el día de hoy. La derecha, la centroderecha y los sectores independientes que en su fuero interno han permanecido inmunes al discurso hegemónico de la izquierda, tambalean frente al nuevo escenario y carecen de respuestas apropiadas y efectivas de cara a la opinión pública en aquellas materias en que el progresismo los saca, una y otra vez, al pizarrón. Se defienden como gatos acorralados ante las nuevas batallas —el aborto, la ideología de género, el feminismo radical, el indigenismo, el cambio climático, la demonización del lucro, entre otras banderas de lucha de la nueva izquierda—, pero no logran convencer a las masas. La gente permanece indignada, ofuscada, cada vez más consciente de sus presuntos derechos, pero menos dispuesta a cumplir con sus deberes. Desde la óptica progresista, el Estado es, lisa y llanamente, responsable de la felicidad de los individuos y, más importante aún, culpable de su infelicidad.

Punto por punto, sobran las razones para rebatir los argumentos del progresismo posmoderno, de corte populista y afín a las ideas de la izquierda renovada, neomarxista, gramsciana. La ciencia, la razón e incluso el sentido común están, por lo general, en las antípodas de las ideas fuerza de esta tendencia política, pero las masas se mantienen cerradas a sus argumentos, inexpugnables. La gente no razona, sólo repite eslóganes aprendidos de memoria, esculpidos en el alma a fuerza de saturación.

Así se construye una "verdad".

Rudolf Steiner, un influyente pensador y místico austríaco fallecido hace casi un siglo, echa luz sobre este punto:

> La mayoría de la gente no tiene pensamientos y, por lo común, nadie se da cuenta de este lamentable vacío. ¿Por qué? Porque para percatarse de ello con toda seriedad, ¡se necesita precisamente del pensamiento!
>
> Hemos de empezar por llamar la atención sobre lo siguiente: aquello que en amplísimas esferas de la vida nos impide tener pensamientos, es que la gente cotidianamente no siente el deseo de avanzar hasta el pensamiento, sino que, en su lugar, se da por satisfecha con la palabra. Comúnmente, la simple ilación de palabras se toma como pensar: se piensa en palabras, y esto mucho más de lo que nos imaginamos. Muchas son las personas que, al solicitar explicación de esto o aquello, se dan por satisfechas si se les ofrece alguna palabra que les suene conocida y les recuerde esto o aquello; toman por "explicación" lo que esa palabra les sugiere, y la reciben como si fuera un pensamiento.[2]

---

[2] Rudolf Steiner. *El pensamiento humano y el pensamiento cósmico.*

Es posible que a quien lea estas líneas se le vengan inmediatamente a la memoria muchas intervenciones de la ex presidente Michelle Bachelet, o alguna participación televisiva de la ex candidata del Frente Amplio a la presidencia de Chile, la señora Beatriz Sánchez, sólo por mencionar el ejemplo paradigmático de dos destacadas políticas chilenas cuya popularidad no puede en modo alguno ser explicada por sus descollantes cualidades intelectuales. Hablar, no decir nada y llegar a tener al mismo tiempo cierta relevancia política es una condición posible únicamente en sociedades en que la facultad de pensar está en evidente retroceso.

De modo que, por más "centros de pensamiento" que se posean, por más trabajos académicos, libros y estudios que se publiquen de la mano de los más conspicuos expertos en diversas materias, la capacidad de dichos grupos de influir en la vida pública irá decreciendo en la medida que se incremente la cantidad de población atrapada en las redes ideológicas lanzadas incesantemente desde las múltiples plataformas que sirven al progresismo para difundir su discurso corrosivo.

No importa cuántos libros o estudios serios, con base científica, se publiquen refutando y desarmando, punto por punto, la ideología de género; basta con exhibir por televisión la película "Una mujer fantástica", de Sebastián Lelio, con el consiguiente comentario interesado de algún activista por los derechos de la comunidad LGTB, para que, de cara a la masa, todas las argumentaciones queden reducidas a la nada absoluta. La derrota de los argumentos, en este punto, está asegurada. El problema es que tras esa derrota de la razón viene, obviamente, la derrota en las calles y el fracaso electoral, lo que, como es de esperar, asegura la penetración de dichas ideas en la institucionalidad del Estado.

En un artículo publicado recientemente en el sitio web español *Disidentia*, el analista político Javier Benegas dice:

> Es verdad que los jóvenes manifestantes de los 60, tanto de los Estados Unidos como de Europa, no lograron imponer

---

Cuatro conferencias pronunciadas en Berlín del 20 al 23 de enero de 1914.

desde las calles su revolución, pero diez años más tarde esos mismos jóvenes, equipados con las pertinentes acreditaciones universitarias, ocuparon los despachos. Y desde ahí, ya no como outsiders sino como insiders, se dedicaron a remodelar las culturas nacionales, desmantelando el tradicional modelo de evolución occidental, donde cada hallazgo, cada nueva idea se incorporaba de manera progresiva... si se demostraba beneficiosa.[3]

Salvando el hecho de que, desde cierto punto vista, puede afirmarse que la revolución de mayo del 68 sí logró sus objetivos, que eran fundamentalmente culturales y no políticos, el punto expuesto es en extremo útil para explicar lo que sucedió en Chile tras el retorno de la democracia.

Piénsese, por ejemplo, en lo que ocurre en el presente con buena parte de los profesionales que tienen entre cuarenta y sesenta años, hoy en puestos clave en prácticamente todas las áreas de actividades estratégicas, incluyendo la política, el poder judicial, la economía, la cultura, la industria de la entretención, etc. Entre ellos debemos contar, obviamente, a quienes controlan los principales medios de comunicación del país, así como buena parte de los rostros del periodismo chileno. La mayoría de ellos cursó sus estudios en los años ochenta, en plena época de la "dictadura", o poco después, bajo el embrujo del arcoíris, cuando la juventud aún soñaba con la clandestinidad y la resistencia callejera —¡la calle, ese campo de batalla!—, preñada de nostalgia por el heroísmo romántico de la revolución cubana y la herencia de mayo del 68, y con el recuerdo de las trincheras que se abandonaron el 73, la épica de la lucha en las poblaciones, la adrenalina de vivir en estado de alerta, la motivación de tener un enemigo. Romanticismo puro de quienes comenzaban a sentir que hacía estragos en su alma la añoranza de un propósito superior: la lucha contra el mal, sentirse uno con el "pueblo", solidarizar con el pobre, condolerse con el sufrimiento ajeno, elevar a los cielos ese anhelado canto de fraternidad humana, batirse a

---

3 Javier Benegas. *La Gran Guerra Cultural acaba de empezar*. Disidentia, 30 de abril de 2018. Ver: https://disidentia.com/la-gran-guerra-cultural-acaba-de-empezar/

duelo con el opresor. Estaban demasiado frescos los recuerdos de los recitales, las peñas universitarias, el cine-arte, las tertulias poéticas, entre otros panoramas de la cultura alternativa de la época, que glorificaba la rebeldía, la insumisión, la resistencia. La mayoría tenía recuerdos del toque de queda, sabía de la existencia de "sapos" en las universidades y conocía de cerca —o de lejos— las consecuencias de la persecución política, las reuniones clandestinas, los libros y filmes prohibidos, el miedo, justificado o no, a la DINA, a la CNI, etc.

Era difícil no sentirse inflamado hasta los huesos con algunas creaciones del Canto Nuevo. Por ejemplo, escuchar en directo en el mismísimo Café del Cerro el tema "A mi ciudad", de Santiago del Nuevo Extremo, y tratar de mantenerse ajeno era, por decir lo menos, complicado. Si no se era de izquierda entonces, uno quería serlo para evitar el surgimiento de un cisma ente corazón y cerebro. Muchos de esos jóvenes idealistas se inclinaron hacia la izquierda por ese tipo de cosas más que por la fuerza del razonamiento, del análisis duro de la realidad y la reflexión. No querían ser "un ladrillo más en la pared", pero terminaron siendo una cabeza caliente más en medio de la turba que asumió el testigo de la siempre vigente sensibilidad jacobina.

¿Qué sucedió con esos luchadores que querían jugar a sentirse héroes en un país que no les ofrecía ya las condiciones? Porque el monstruo sanguinario, el enemigo de la justicia social, de la libertad de expresión y de la fraternidad había entregado el poder pacíficamente. De la noche a la mañana se quedaron sin enemigo. Habían convertido la lucha por el retorno a la democracia en un fetiche, ¡y en un santiamén les arrebataron el juguete, arrancándoles de golpe el tótem de la opresión y la brutalidad militar que habían instalado en el centro de sus almas para darle sentido a sus vidas! Había que estar a la altura, levantar la cabeza y proyectar la mirada hacia el futuro, trabajar en serio para que "nunca más" volviéramos a caer en el pantano del odio, la violencia sectaria, el resentimiento.

¿Pero qué hicieron ellos? Justo lo contrario de lo que había que hacer: tomaron las banderas de los ochenta, de los setenta y de los sesenta para darle sentido a sus insípidos noventa y a lo que viniera.

Pinochet siguió siendo el diablo —¡aún no pueden renunciar a él!— y, en medio de sus plácidas vidas, ya cebados en la comodidad de sus privilegios, asumieron fanáticamente los ideales del progresismo para acallar su conciencia lacerada por las contradicciones y la falta de sentido.

Buena parte de estos herederos del arcoíris, ya de vuelta de su naufragio —¡porque la *alegría* no llegó nunca!—, se instalaron como Pedro por su casa en la testera de las universidades, de las empresas, de la magistratura, de los medios de comunicación, fundando una nueva élite fastidiada por el desplome de las ilusiones, de los viejos ideales. Y así, lenta e inexorablemente, luego de mezclarse con la clase capitalista a la que odiaban, se fueron convirtiendo en los líderes de opinión del nuevo Chile, arrogándose el derecho de ofrecerle al país una visión sesgada de la realidad, apañada al uso de sus delirios, ocultando aquello que les incomodaba. Porque, digámoslo de una vez, el triunfo de los que ultrajaron la razón en los muros de las ciudades, esos que alimentaban su inteligencia en base a panfletos y canturreos, esos que soñaban con *ser realistas exigiendo lo imposible*, esos que todavía le cantan a la libertad y a la justicia adorando simultáneamente al Che Guevara y a Chávez, lograron que Caperucita se comiera al lobo en medio de la escena. Porque lo que menos les gusta del mundo es lo que les horroriza de ellos mismos, teniendo, como tienen, el techo de cristal y los pies de barro.

Fueron los hijos de ese naufragio los que hicieron posible las casi tres décadas de gobiernos de la Concertación y de la Nueva Mayoría, con la sola interrupción del primer y el segundo períodos del presidente Piñera, cuya irrupción no implica, necesariamente, un cambio de *switch* en un Estado que ha permanecido, pese a todo, encorsetado por el ideario progresista.[4]

La actual euforia por los recientes triunfos electorales de la derecha en algunos países de la región se basa en la falsa percepción de un cambio que, en la realidad objetiva, no se ha producido. Se

---

[4]   Recordar que este artículo fue escrito antes del estallido de la crisis del 18 de octubre de 2019.

olvida que la historia opera como un péndulo, y que la izquierda extremista y demagoga lo sabe, pues estar en el lado contrario del poder les ha ofrecido siempre la posibilidad de poner en práctica lo que mejor saben hacer: la oposición hostil a toda iniciativa, la confrontación, el saboteo legislativo, la escaramuza callejera, que luego les sirve para victimizarse, para culpar al otro de todos los males, medrando a costa de las ilusiones muertas de los impotentes, de los castrados, de los dejados de lado, los marginados, los enojados con la vida y, sobre todo, de los incautos pescadores de ilusiones, que son legión.

La derecha debe entender que, para los que viven del odio, no es una mala noticia perder una elección. De hecho, a veces es todo lo contrario, como lo que acaba de suceder en Chile. Porque tras una pésima gestión —el gobierno de Bachelet debe estar entre los peores de la historia del país—, necesitaban un gobierno alternativo, un gobierno de derecha, para poder culpar al adversario de todos los males que ellos mismos provocaron. Porque lo cierto es que, sin importar quien encabece el gobierno de turno, la agenda valórica sigue siendo dictada desde los sectores afines a las ideas progresistas. Y en esto no hay vuelta atrás. A menos que se entienda que hay que entrar, finalmente, a dar la batalla por brindar a la sociedad un relato alternativo.

APUNTES DE UN TESTIGO DE LA DECADENCIA DE CHILE

UNA DISTOPIA LLAMADA CHILE

La madrugada del día 12 de marzo de 2021, momento en que se retiró el monumento al general Baquedano de la plaza que lleva su nombre, estaban por cumplirse 511 días desde el 18 de octubre de 2019 (1 año, 4 meses y 22 días). No lo sabíamos entonces, pero lo que verdaderamente ocurrió esa jornada en que se inició el desmadre con la quema de veinte estaciones de metro, fue el ocaso del mejor período de la historia de Chile con el descarrilamiento de nuestra institucionalidad y el desplome irreversible de la paz interna.

Nuestro país no era, desde luego, la copia feliz del Edén, pero era transversalmente reconocido como el país más próspero de Latinoamérica. Porque hay que tener en cuenta el entorno para juzgar lo que habíamos llegado a ser al cabo de cuatro décadas de progreso sostenido. Hay que decirlo con claridad, por contar con una democracia estable y una economía abierta, considerada durante mucho tiempo entre las más fuertes de América Latina, Chile era, probablemente, el mejor país para vivir de toda la región.

Sin embargo, en poco tiempo nuestra realidad cambió del cielo a la tierra. El Chile actual, el "Chile de la dignidad" que pregonan los sumos sacerdotes de la revolución en marcha, se parece más a Macondo —país bananero y tercermundista— que a lo que fuimos hasta hace muy poco. En tres meses retrocedimos tres o más décadas en materia económica, política y social. En cuanto al capital humano, considerando al espécimen característico de la "primera línea" y a quienes se sienten identificados con el arquetipo humano del lumpen enmascarado, retrocedimos más o menos a la edad de las cavernas.

El Chile de hoy se ha convertido en un lugar inhóspito, inseguro, casi surrealista. Existen pocas esperanzas de que podamos levantar cabeza desde las ruinas de lo que fuimos hasta hace apenas unos meses. El caos, el odio, la violencia generalizada, el desprecio por la vida y por la dignidad de los que no comulgan con el ideario de la revolución, se han adueñado de las calles, de las instituciones públicas, de los barrios, de los sets de televisión, de los titulares de los diarios.

Y la clase política, a izquierda y derecha del espectro, parece no dar el ancho de las exigencias que períodos críticos como el actual imponen a las castas gobernantes de los países. Nuestra clase dirigente ya no sólo da pena, sino que inspira indignación y menosprecio por su incompetencia, su falta de criterio y su inconmensurable estupidez, los unos avivando el fuego que consume el alma de la patria, los otros vendiéndose al mejor postor, desencajados como están por el miedo, el cálculo miserable o la mera insensatez.

El escenario es desastroso. Pareciera que quienes juraron servir al "pueblo" y honrar las leyes de este país decidieron apostar los destinos de Chile a una ruleta rusa con cinco balas en el tambor del revólver; porque de eso se trataba, en el fondo, el espurio plebiscito de octubre, si consideramos que la izquierda extrema, envalentonada al no encontrar resistencia ni en las calles ni a nivel institucional, se dedicó todo el tiempo a amenazar *urbi et orbi* que no respetaría el resultado si la que resultaba ganadora era la opción del rechazo. ¿Y por qué iban a hacerlo de cualquier modo, si tampoco respetaron la voz de las urnas en las pasadas elecciones presidenciales cuando quienes tenían entre sus postulados el "reemplazo de la Constitución de Pinochet" fueron ampliamente derrotados? No obstante, la derecha cuadrada, miope, falta de horizontes, lo apostó todo a ese juego, perdiendo, como era de esperarse, por paliza.

Sin embargo, medio año después, como si nuestra democracia fuera una especie de rueda de hámster, los líderes de la derecha jugaron de nuevo el mismo juego poniendo ingenuamente todas las cartas en una nueva contienda electoral. La idea era alcanzar la suficiente cantidad de votos como para dominar al menos un tercio de la Convención Constituyente, eligiendo además la mayor cantidad posible de alcaldes, gobernadores y concejales. El resultado de esta apuesta le costó caro al país.

Así las cosas, la medrosa pasividad del presidente Piñera y de su entorno, junto a la falta de consecuencia y de astucia de la derecha nacional —ese club de amigos para el que gobernar Chile es una forma un poco más compleja de jugar Monopoly—, no hacen más que pintar de negro el horizonte.

Por cierto, debemos sumar al lúgubre panorama el estridente (y vergonzoso) silencio de las instituciones armadas. Pues cabe preguntarse: Muchachos, ¿NO CORRE SANGRE POR SUS VENAS?

En fin. Que Dios nos pille confesados.

CHILE BAJO ATAQUE

Los enemigos de Chile son muchos y muy diversos. El estallido insurreccional del 18 de octubre de 2019 —que utilizó en su beneficio el malestar de buena parte de la sociedad con el modelo socio-económico imperante en el país— fue organizado, provocado y dirigido por un cerebro en las sombras que, como la Hidra de Lerna, el monstruo de mil cabezas de la mitología griega, tiene la capacidad de multiplicarse y regenerarse indefinidamente minando por desgaste las fuerzas de sus adversarios. Es en este nivel superior, elusivo por naturaleza, que se mueven los hilos que regulan la entrada o salida del teatro de operaciones de las distintas capas involucradas en los disturbios. Nuestra tesis es que estamos experimentando una compleja embestida de gran calado de fuerzas muy oscuras que se ciernen hoy sobre toda la humanidad, no sólo sobre Chile. El futuro, lamentablemente, no se ve muy auspicioso.

¿Podremos evitarlo?

En este breve ensayo nos proponemos enumerar las que, a nuestro juicio, son las principales cabezas de serpiente de este monstruo ubicuo y solapado que hoy asola nuestro territorio.

El contexto geopolítico: China, globalismo y revolución

Lo primero que hay que tener en cuenta es el contexto histórico en que ha surgido la crisis chilena. El complejo escenario externo, con crisis políticas y sociales desatándose en muchos lugares del mundo, son signos que muchos ven como el inicio de una grave crisis civilizatoria.

Para comenzar a armar el rompecabezas no podemos dejar de reconocer que, a nivel global, nos enfrentamos a una movida geopolítica de gran envergadura encabezada por China. La meta del Partido Comunista de China (PCCh) es, en efecto, alcanzar la hegemonía mundial antes de 2049, año en que se conmemora el centenario de la revolución. Para los jerarcas chinos, el antiguo "reino medio" ha sido el centro del mundo desde hace más de cinco mil años, de modo que el ascenso del país a primera potencia mundial es tomado como una restitución de su antiguo poderío y grandeza después de un largo período de postración en que sus ciudadanos tuvieron que soportar todo tipo de humillaciones por parte de potencias extranjeras. El debilitamiento y caída de Occidente facilitaría este ascenso de la potencia oriental a la cumbre del poder mundial. En resumen, China está moviendo sus piezas y, de manera sumamente audaz, se está comprando, literalmente, el mundo. Así, mientras Chile enfrenta las desastrosas consecuencias de la insurrección y de una pandemia originada, precisamente, en el propio gigante asiático, capitales chinos están ingresando en el mercado de la distribución eléctrica, el sector minero y otros ámbitos de la economía como la infraestructura, los servicios financieros, agroindustria y otros.

De cualquier manera, es importante comprender que China no es más que una pieza en el tablero. Más allá del avance implacable de la sombra del *imperio del centro* sobre el tablero de la geopolítica planetaria, así como tras la silueta de cada una de las grandes potencias, es posible advertir la presencia de las élites globalistas que controlan el poder mundial tras bastidores. Hablamos, por supuesto, de la oligarquía financiera que ha estado moviendo los hilos del poder en el curso de los grandes procesos históricos por los que ha atravesado la humanidad desde hace por lo menos trescientos años, incluyendo las revoluciones de fines del siglo XVIII y principios del XIX —como los procesos independentistas hispanoamericanos—, hasta llegar a la revolución rusa, la irrupción del nazismo, la propia revolución china, etc.

Después de la desestabilización de América Latina —Chile es sólo una estación en el camino, tras la cual viene el Brasil de

Bolsonaro, Paraguay, Perú, Ecuador, Colombia, etc.—, irán por los Estados Unidos[5]. En nuestra región los integrantes del Grupo de Puebla, sucursal del Foro de Sao Paulo fundada el 12 de julio de 2019, son los esbirros de este plan. El objetivo final es instaurar en nuestro continente una especie de *Unión de Repúblicas Socialistas de América* bajo el paraguas ideológico del Socialismo del Siglo XXI. El centro de operaciones visible de esta conspiración está en el eje Caracas-La Habana.

La izquierda chilena

Desde un principio llamó la atención la escasa presencia de banderas del PC y de las diversas agrupaciones políticas que conforman el Frente Amplio en las marchas que, a partir del 18-O, se llevaron a cabo en muchas ciudades de Chile, principalmente en Santiago, pese a la habitual presencia de sus líderes entre la multitud y al evidente aprovechamiento político que hacen de las manifestaciones en las redes sociales, puntos de prensa, entrevistas y sesiones parlamentarias. La notoriedad de esta ausencia denota que desde un principio existió la voluntad por hacer parecer el estallido como algo espontáneo que surgió como expresión legítima de un sentimiento de hastío largamente reprimido. Que los dirigentes de izquierda revolucionaria hayan parecido no asumir un rol de liderazgo en las marchas no significa que no hayan estado en el origen, desarrollo y, sobre todo, en la cosecha de los frutos del desorden, especialmente tras la firma del mal llamado *Acuerdo por la Paz Social y la Nueva Constitución* en noviembre de 2019. En suma, sacando a "la gente" a la calle, la izquierda chilena logró, por la vía del caos y la violencia, lo que jamás habría podido conseguir en las urnas.

Tampoco pasó desapercibido el hecho de que, mientras en las manifestaciones destacaba la abundante presencia de banderas mapuches[6], disminuía ostensiblemente la actividad de los grupos subversivos en el sur de Chile. Para algunos, entre quienes me cuento, este estridente silencio auguraba que pudieran estar

---

[5]   Este texto es de enero de 2020.

[6]   La *Wenüfoye* o "Canelo del cielo" fue diseñada recién en 1992.

preparando una operación de gran envergadura proyectada para ponerse en marcha en el momento que mejor conviniera a la operación mayor: el asalto final y la toma del poder. Entonces como ahora, es más que probable que este plan tenga relación con el inicio del proceso de disolución de Chile, lo que llegado el momento tratarán de llevar a cabo en dos etapas: en primer lugar, reemplazando el modelo político del estado nación por un estado plurinacional al estilo boliviano; y, segundo, declarando la autonomía e incluso la independencia del *Walmapu* o "país mapuche", entelequia geopolítica que incluye territorios a ambos lados de la cordillera.

Otra característica observada en las calles fue la numerosa presencia de banderas de Chile invertidas y teñidas de negro, fenómenos sobre el que los medios prácticamente no dijeron nada. Debemos tomar esta bandera negra como un lúgubre anuncio de lo que le espera a Chile en caso de triunfar la revolución.

En el contexto de la insurrección, la bandera negra es considerada una expresión de luto por la supuesta explotación bajo la cual viviría el pueblo chileno tras décadas de predominio del modelo neoliberal, connotando también el recuerdo lacerante de las víctimas de la "dictadura". El siguiente texto de la compositora chilena Paz Court, publicado en Instagram el 19 de octubre de 2019, dio a conocer esta variante de la bandera, creada con anterioridad por el abogado y poeta vanguardista Martín Gubbins.

En palabras de Court, quien está radicada en México:

> Chile explota y estoy lejos. Lo veo salir a las calles, lo veo arder en llamas y lo escucho en orquesta de cacerolas indignadas. Mientras, los militares ocupan las calles de Santiago, infundiendo el miedo que a todos nos recuerda el pasado negro de la dictadura. La gente está en las calles porque no es sólo el alza en el valor del transporte. Somos todos ya agotados del sistema neoliberalista (sic), de la injusticia, de la violencia y la represión. Si esta es la forma como esto al fin va a cambiar, entonces que así sea.[7]

---

[7] Ver online: https://www.instagram.com/p/B3zyLe-hvZB/

Es interesante este mensaje pues refleja fielmente el discurso que la izquierda chilena se encargó de diseminar en todos los escenarios posibles desde el retorno a la democracia en 1990, utilizando para ello todos los recursos disponibles —cine, teatro, series de televisión, música, poesía, literatura, reportajes periodísticos, crónicas históricas y pseudohistóricas, etc.—, tendiendo un amplio cerco sobre el espacio mental de la sociedad chilena. De esta manera, siguiendo la simple estrategia de repetir hasta el cansancio la misma cantinela, insertaron en la mente colectiva una verdad amañada a su antojo. Fue esa emocionalidad visceral, sembrada con paciencia bajo múltiples máscaras, la que se desbordó en las calles el 18 de octubre de 2019.

Discurso antisistémico

Pero hay aún otro nivel en este drama, uno mucho más oscuro y devastador. Nos hundimos aquí en una especie de cloaca donde destilan los humores de lo peor de la naturaleza humana. Porque, más allá de la arista política de la insurrección, el hilo conductor de los excesos expuestos en escenario callejero nos lleva a descubrir la existencia de un complejo entramado de movimientos antisistémicos y asistémicos ampliamente extendidos por el continente y el resto del mundo, especialmente en Occidente, cuyas ideas hielan el alma.

El siguiente es un comunicado del grupo anarquista Individualistas Tendiendo a lo Salvaje (ITS) fechado el 20 de octubre. Sus autores firman como "INCITADORES DEL CAOS".

Leer con atención:

> Incitamos al caos y la destrucción y una vez más nos aprovechamos de la multitud en las manifestaciones de estas tierras del sur, para generar desestabilidad.
>
> Infiltrados en medio de la horda enajenada, en medio de encapuchados vandálicos, anduvimos nosotros con un único objetivo: el fuego y la destrucción.
>
> Adoramos las llamas calcinadoras, penetrantes, ver como todo arde, la bencina ha sido buena aliada. Armados con botellas de líquido inflamable, procedemos a quemarlo todo, sigilosos y siempre atentos a nuestros fines, esparcidos,

seguíamos, seguimos y seguiremos aquí, observando y riendo desde las sombras.

Ánimo al lumpen, mechas, destructores, a los delincuentes, saqueadores, ladrones, amorales Se acerca el día del caos y deseamos la Muerte a la cuidad y al progreso humano![8]

En el comunicado N° 89, del 29 de octubre de 2019, señalan:

El mundo es como un reloj de arena, del lado de arriba está la civilización, con todas sus rígidas estructuras que buscan asegurar la ley y el orden, sostenidas por el peso de sus entramados jurídicos y morales que trabajan para mantener el conjunto cohesionado. El lado inferior es el Caos, y poco a poco, la arena va cayendo. Con ella caen todas las ilusiones del progreso, todos los sueños sobre mundos de confort y seguridad. Hoy en día, el lado superior aún está lo bastante lleno, pero poco a poco, el Caos va tomando forma. Es solo cuestión de tiempo para que el mundo de la superioridad humana se disuelva en las olas eternas de Caos y el Salvajismo. Mientras tanto, nosotros preferimos disfrutar de la caída, antes que aferrarnos como necios a los espejismos de una civilización cuya misma existencia se basa en una guerra contra el avance imperturbable del tiempo, que al igual que las mareas salvajes, poco a poco todo lo deshace.[9]

El desprecio por la civilización que se expresa en estos mensajes refleja claramente el tipo de emociones que nutre el alma de las turbas enajenadas que, sin sospecharlo siquiera, han sido seducidas por los cantos de sirena de intelectuales sin escrúpulos que afirman soñar con un "mundo mejor". Se trata de un odio visceral contra todo lo que vale la pena en el mundo, la civilización, la cultura, la libertad, el respeto por la vida, la belleza, la razón, la verdad.

La sola existencia de este tipo de agrupaciones revela la degeneración profunda de la condición humana que se verifica en algunos miembros de la especie, una suerte de retroceso hacia estados previos, primitivos, elementales, que surge como

---

[8]   http://maldicionecoextremista.altervista.org/chile-88-comunicado-de-its/

[9]   http://maldicionecoextremista.altervista.org/tag/comunicados-de-its/

consecuencia de la irrupción de un impulso ciego que desplaza la conciencia desde el eje corazón-cabeza, donde radican los atributos superiores de la inteligencia y la sensibilidad, hacia el mero automatismo biológico, donde mandan únicamente el estómago, los genitales, el hambre, los apetitos, el deseo insaciable. Es la llamada de la selva, la vuelta al animal, la degradación repentina del cerebro humano, que terminará por disgregarse en el fango primordial de las etapas arcaicas.

En ese miasma de humanidad venida a menos no tienen cabida las ideas de nación, familia, patria, estado de derecho, ciencia, civilización. Sólo queda la horda enajenada, el enjambre de apetitos, la orgía interminable de los bajos instintos, la violencia, el caos sin sentido. Se trata, a fin de cuentas, en medio de las ruinas del mundo, del descenso a los infiernos en que hayan empeñados tanto los vástagos más conspicuos de la hoz y el martillo, como los animales-hombres que hoy hacen nata en las calles de nuestras ciudades.

El factor ONU

En un nivel superior, por encima de todas las cabezas de serpiente visibles en el escenario insurreccional chileno, están los peones de la ONU con su Agenda 2030 para el "Desarrollo Sostenible". Chile es un laboratorio de esta organización desde que en 1948 se creó la Comisión Económica para América Latina (CEPAL), fijándose su sede central en Santiago.

Es un hecho sabido que el organismo se ha convertido en una oficina de propaganda de las ideas globalistas, traicionando el espíritu con que fue creado tras el término de la Segunda Guerra Mundial. Hoy en día, en vez de salvaguardar los intereses de la humanidad en su conjunto, la organización ha adoptado como banderas de lucha una diversidad de temáticas que utiliza de manera sesgada con el objetivo expreso de implementar el proyecto de las élites globalistas, entre ellos el tema de los derechos humanos, el cambio climático, la agenda de género, los llamados "derechos reproductivos de la mujer", la promoción del multiculturalismo y el fomento de las migraciones masivas, entre otras causas que se han transformado en el caballo de Troya de intereses bastante menos nobles que el discurso que las sostiene.

En rigor, el sistema de las Naciones Unidas está controlado por una casta de políticos y diplomáticos profesionales que se han puesto al servicio de una oligarquía financiera empeñada en modelar el mundo a su medida. La meta de esta élite es imponer a la humanidad su visión de una sociedad controlada con mano férrea por un Estado cada vez más fuerte en el que el individuo irá paulatinamente desapareciendo en beneficio de los intereses presuntamente superiores de la colectividad. En este escenario, lúgubre como el que más, ellos han conseguido ir imponiendo las reglas del juego a nivel global obstaculizando la irrupción de nuevos competidores, minimizando, además, los riesgos asociados a las fluctuaciones de los mercados. Su estrategia les permite monopolizar todos los beneficios del capitalismo, mientras el resto de la sociedad es obligada a vivir en un superestado socialista de carácter policial en el que las libertades individuales están cada vez más restringidas, como en la China comunista de hoy.

Según el pensador brasileño Olavo de Carvalho, el objetivo de esta minoría inmensamente rica y poderosa es transformarse en «una potencia dinástica duradera», conformando «una neoaristocracia capaz de atravesar las variaciones de la fortuna y la sucesión de generaciones, abrigada en el baluarte del Estado y de los organismos internacionales»[10].

Carvalho llama *metacapitalismo* al modelo que esta élite de las finanzas mundiales intenta hacer prevalecer a escala global. La necesidad de contar con un Estado fuerte para imponer su modelo al resto de la humanidad hace que el socialismo y el comunismo sean sus aliados naturales, dado que estas ideologías también precisan de la concentración del poder para gobernar. El filósofo brasileño explica que para proveer una base popular al modelo estatista esta oligarquía se sirve de

---

[10] *Historia de quince siglos*, Olavo de Carvalho. Jornal da Tarde, 17 de junio de 2004. Ver online: https://olavodecarvalho.org/historia-de-quinze-seculos/

...un ejército de intelectuales que preparan a la opinión pública para despedirse de las libertades burguesas y adentrarse felizmente en un mundo de represión omnipresente y obsesiva (que se extiende hasta los últimos detalles de la vida privada y el lenguaje cotidiano), presentado como un paraíso adornado al mismo tiempo con la abundancia del capitalismo y la "justicia social" del comunismo. En este nuevo mundo, la libertad económica indispensable para el funcionamiento del sistema se preserva en la medida estrictamente necesaria para permitirle subsidiar la extinción de la libertad en los ámbitos político, social, moral, educativo, cultural y religioso.[11]

La horda revolucionaria, tanto en Chile como en el resto del mundo, ha sido criada y educada desde la cuna —*deformada* sería una expresión más ajustada a la verdad— por esos intelectuales e ingenieros sociales. La "primera línea" de la revolución chilena nació y creció en la atmósfera ideológica de esas ideas gastadas en el fragor de mil derrotas, convirtiéndose en carne de cañón de luchas que ellos, en su profunda ignorancia, son incapaces de atisbar y comprender. Con demasiada frecuencia los jóvenes revolucionarios no son, de hecho, más que peones desechables de los lacayos de oropel de este juego demencial, condición que corresponde en realidad a la clase dirigente nacional, a derecha e izquierda del espectro político.

Porque, digámoslo con claridad, en esta caída de Chile, en esta destrucción de las bases morales e institucionales de este país, se ha cumplido a rajatabla el axioma del célebre artefacto de Parra: *La izquierda y la derecha unidas, jamás serán vencidas.*

---

[11] Ibíd.

LA TRAICIÓN DE PIÑERA

El 1 de agosto de 2019 —poco más de dos meses antes del 18 de octubre— el gobierno del presidente Sebastián Piñera firmó la capitulación del Estado de Chile ante la ONU cuando su canciller, Teodoro Ribera, rubricó el Acuerdo Marco de Asistencia de las Naciones Unidas para el Desarrollo (UNDAF), que establece los mecanismos por medio de los cuales la ONU fija las prioridades estratégicas que en adelante deberá asumir el país en las materias que forman parte de los Objetivos de Desarrollo Sustentable (ODS) del organismo para el año 2030. Entre ellos se mencionan la reducción de las desigualdades, la erradicación de la pobreza, la protección del planeta, la equidad de género y la educación de calidad[12].

En representación del organismo estampó su rúbrica la uruguaya Silvia Rucks, Coordinadora Residente de las Naciones Unidas en Chile. El acuerdo final, plasmado en un documento de ochenta páginas, fue fruto de una intensa negociación, llevada a cabo a espaldas de la ciudadanía, entre las diecinueve agencias del sistema de la ONU presentes en el país —entre ellas la OIT, la OMS y la ACNUR— y los veintiún ministerios que forman parte de la organización del Estado chileno.

En pocas palabras, el presidente Sebastián Piñera, quien resultó electo con el 55 por ciento de los votos, sepultó su programa de

---

[12] Ver en https://www.un.org/sustainabledevelopment/es/objetivos-de-desarrollo-sostenible/

gobierno asumiendo como propia la agenda de la ONU, aceptando además la tutela del organismo en relación al cumplimiento de las metas establecidas en dicho documento. Esto significa que Piñera, en busca de congraciarse con la élite globalista que en el presente establece las pautas de lo políticamente correcto a nivel planetario, transfirió virtualmente la soberanía del país a la ONU en áreas clave de la administración del Estado.

¿Cómo explicar esta insólita defección del presidente de Chile?

En busca de una respuesta, proponemos centrar la atención en la intensa agenda internacional de Piñera antes del 18-O. Nuestra hipótesis es que el primer mandatario, convencido de que Chile le quedó chico, se encontraba preparando su desembarco en las grandes ligas de la política internacional, para lo cual necesitaba convertirse en un importante líder de la región. Era el corolario perfecto de su carrera política.

Para entender a Piñera hay que considerar que su antecesora, Michelle Bachelet, ostenta, por las razones que fueren, un indesmentible prestigio más allá de nuestras fronteras, lo que la ha llevado a transformarse en una figura influyente a nivel global, habiendo presidido ONU Mujeres tras su primer gobierno y ostentando ahora el cargo de Alta Comisionada de los Derechos Humanos del organismo.

Por otro lado, también Ricardo Lagos había alcanzado cierto protagonismo cuando, a mediados de la primera década de este siglo, fue designado como representante especial de la ONU para el cambio climático, misión que le valió, recordemos, el apodo de "capitán planeta". Además, hay que sumar a la cuenta personal de Lagos —a modo de anécdota, es cierto, pero de esas que apuntalan el ego—, su célebre negativa al presidente Bush en el 2003 cuando éste lo llamó para pedirle el apoyo de Chile en el Consejo de Seguridad de la ONU para la aprobación de una resolución que permitiera el uso de la fuerza en Irak.

Sostenemos que es posible que Piñera, acostumbrado a ganar en todos los ámbitos, haya pensado que no podía ser menos que sus antecesores en esta materia. Así, apenas vio la oportunidad se jugó por entero sin medir las posibles consecuencias de su arrebato.

Piñera comenzó su camino al estrellato mundial cuando, a principios de 2019, fue uno de los primeros mandatarios en reconocer a Juan Guaidó como presidente encargado de Venezuela, viajando, además, a la ciudad de Cúcuta, en Colombia, para hacerse presente en la mediática entrega de ayuda humanitaria al sufrido país sudamericano, desafiando a Caracas y a las fuerzas progresistas de todo el continente. Tras el fracaso de Cúcuta, el presidente buscó mantenerse en la cresta de la ola del cerco al régimen de Maduro con el fin de no perder protagonismo. En paralelo, se esforzaba en liderar, junto al presidente Iván Duque de Colombia, el nacimiento del Foro para el Progreso de América del Sur (PROSUR), organismo creado el mismo mes de enero de 2019 con el objetivo de fortalecer la integración sudamericana, reforzar la defensa de la democracia y promover la economía de mercado. PROSUR pretendía ocupar el espacio de UNASUR, ente creado por el propio Chávez en 2008.

Hay que considerar también la participación permanente de Chile en el Grupo de Lima, instancia creada en agosto de 2017 por catorce países del continente que se reunieron en la capital peruana con el fin de buscar una salida pacífica a la crisis venezolana.

Demás está decir que Venezuela era —y es— el botín más deseado de la derecha latinoamericana. Quienes lograran derribar la narcodictadura de Maduro obtendrían pingües beneficios políticos. El cálculo de Piñera se basaba en la falsa percepción, compartida por muchos analistas despistados, de que el péndulo político del continente se estaba inclinando indefectiblemente hacia la derecha. La apuesta era, sin duda, que Maduro caía. No podía ser de otra manera… pero fue.

El fracaso de la operación Guaidó debe haber sido un golpe duro de asimilar. Pero Piñera tenía más cartas bajo la manga.

Otros escenarios propicios para sus aspiraciones de estrellato mundial eran la participación de Chile en las cumbres del G20 en Osaka, Japón, y del G7 en Biarritz, Francia, donde nuestro país había sido invitado por primera vez. En ambas instancias, Piñera aprovechó de mostrarse activo y propositivo, reuniéndose con diversos mandatarios y haciendo llamamientos contra el proteccionismo económico, además de pronunciarse en temas como la guerra comercial entre China y Estados Unidos, el calentamiento global, las relaciones de las potencias con Irán y el riesgo nuclear, entre otras materias. También estaba la Asamblea General de la ONU en septiembre.

Hay que recordar que, en medio de toda esa lucha del presidente por proyectar su liderazgo en el concierto internacional, en el plano interno su administración decepcionaba a su electorado adoptando posiciones sorprendentemente débiles en temas como delincuencia, terrorismo y narcotráfico, entre otras asignaturas en que su gestión mostraba sus pies de barro. A esto hay que sumar la penosa falta de apoyo a Carabineros en materia de orden público, así como el abandono de los militares perseguidos y procesados injustamente por temas de derechos humanos.

Esa especie de esquizofrenia política del presidente, que lo llevaba tanto a hacerse parte del linchamiento colectivo al régimen de Maduro en el plano externo, como a parecer un títere de la izquierda obstruccionista en lo interno, puede explicarse en su obcecado propósito por no enemistarse frontalmente con las fuerzas globalistas que, como sabemos, trabajan codo a codo con la ONU en la penetración de las ideas progresistas, el estado benefactor, la ideología de género, el aborto, el multiculturalismo, etc. En este sentido, pelearse con Maduro cuando éste estaba en el suelo conllevaba costos únicamente con la ultraizquierda. Su apuesta era mantener contenta a la ONU, lo que en sus cálculos podía valerle el reconocimiento del organismo, apostando a que su lealtad le valiera algún cargo importante una vez terminado su mandato.

Buena parte de las expectativas de Piñera se concentraban en las citas de la APEC y la COP25, ambas programadas para celebrarse en Chile en los meses de noviembre y diciembre de 2019. En la APEC, de hecho, estaba previsto que se consumara la anhelada reunión entre los presidentes Trump y Xi Jinping, con él como anfitrión, instancia en que se esperaba que ambos mandatarios firmaran un acuerdo para poner fin a la guerra comercial en que ambas potencias estaban enfrascadas desde marzo de 2018. Piñera y su equipo de trabajo deben haber soñado con la foto de Trump y Xi Jinping dándose la mano, con él en el centro coronando el acuerdo de paz de las dos superpotencias. Poco después, por supuesto, vendrían las fotos con Greta Thumberg.

El escenario era propicio… hasta que llegó el 18 de octubre.

Una vez desencadenada la catástrofe —él mismo mencionó la palabra "guerra"— Piñera debía optar: o cumplía con el juramento pronunciado el 11 de marzo de 2018 [*Juro desempeñar fielmente el cargo de Presidente de la República, conservar la independencia de la Nación, guardar y hacer guardar la Constitución y las leyes*, etc.], o echarse su responsabilidad al bolsillo y continuar apostando por congraciarse con la ONU, lo que implicaba no molestar al caprichoso dragón del progresismo mundial, aliado ahora con la ultraizquierda revolucionaria —la misma a la que él venía aguijoneado desde principios del 2019 con la arremetida contra el régimen venezolano—, y con los grupos antisistema, el narcotráfico y el lumpen.

La decisión del mandatario quedó clara desde un principio: Piñera optó por la última opción, abriéndole la puerta a las fuerzas que aspiran a refundar el país siguiendo el fracasado modelo del Socialismo del Siglo XXI. Haciéndolo, el presidente —¡nuestro Judas Iscariote!— consumaba su imperdonable traición a Chile.

La tragedia de Piñera es que, después de haber tenido el mundo a sus pies, tendrá que conformarse con el desprecio de propios y ajenos. En su ambición, se habrá quedado inevitablemente solo. Pero lo peor de todo es que, además de su considerable riqueza, heredará a sus descendientes el anatema de su propia apostasía. Cada vez que se estudie este triste período de la historia de Chile, su nombre será arrastrado por el fango por unos y otros: para unos seguirá siendo el "tirano", el "asesino", el "dictador"; mientras que para los otros, para los que creyeron en él, será lisa y llanamente el peor traidor que recuerde nuestra historia.

LA DECONSTRUCCIÓN DE CHILE

Aflige pasar por la Plaza Baquedano hoy en día. Recorrer el eje Alameda entre la antigua Plaza Italia y la Estación Central nos ofrece una metáfora de este nuevo Chile surgido de la revolución de octubre. En los seis o siete kilómetros que hay entre un punto y otro se condensa toda la herencia de los hijos de la insurrección criolla. El de hoy es el Chile del odio y de la depravación, el de la anemia intelectual y la falta de imaginación en que campean la estrechez de miras y la ignorancia supina de una humanidad indefectiblemente animalizada, dominada por el ansia adolescente de darlo vuelta todo —¡como en el mundo del revés de las canciones infantiles!—, que es un poco como humillar al padre y violar a la madre, todo de una vez, en represalia por la insignificancia heredada de un pasado reciente anodino y falto de sentido.

De esa nadería extrema surge en algunos enajenados el impulso por lo que llaman la *deconstrucción* de Chile, que ha asestado una puñalada artera al alma nacional. Hablamos del instinto de desmontar y disolver las bases anímicas e incluso espirituales de lo que somos, de desbaratar nuestras instituciones, tradiciones, costumbres y creencias, reinterpretando nuestro modo de pensar, de sentir y de vivir en la tierra que nos vio nacer. Deconstruir Chile implica reescribir su historia, destruir todo lo edificado antes del nacimiento espurio del nuevo paradigma "liberador", labrado a pulso en medio de una lucha escatológica y refundacional de los que sólo han aprendido a flotar en la viscosa atmósfera de sus pulsiones primarias. Este movimiento de vísceras implica una rendición ante un instinto tribal y primitivo por rehacer el mundo, por repensarlo prescindiendo de la inteligencia y del sentido común, resignificándolo a partir de meros eslóganes y cánticos a ras de suelo proferidos por niños malcriados que juegan a ser grandes destruyendo lo que otros, sin duda más grandes que ellos, construyeron.

El juguete —¡el país, su historia y sus símbolos!— *es mío y no te lo presto*. Punto.

Sí, el infantilismo de las turbas hizo metástasis en las calles de Chile. Pero no se queda ahí el gusano que roe el alma de los hijos de esta larga, angosta y huérfana franja de tierra. En el extremo, tirando de los hilos de la primera, segunda y tercera líneas —y de todas las demás "líneas" hasta llegar a los prosaicos escenarios intramuros de las vidas nimias de los que apoyan las protestas frente a la pantalla del televisor—, están los esbirros de la hoz y el martillo, agentes de las fuerzas oscuras del resentimiento y la intolerancia, supremos estrategas del absurdo, manipuladores del drama y la comedia, indigestados de discursos y arengas incendiarias, sin otro norte que conquistar el poder para destruirlo todo, emulando, consciente o inconscientemente, al gran cacique Michimalonco, el señor del valle del Aconcagua, primer destructor de Santiago —en ese entonces Santiago del Nuevo Extremo— 478 años antes del 18-O… ¡un 11 de septiembre de 1541! Por supuesto, hay que decirlo, a diferencia de ellos, Michimalonco estaba defendiendo su mundo, sus tierras ancestrales, mientras que los actuales incendiarios sólo buscan tumbar el obstáculo que les impide imponer su credo de odio y establecer por la fuerza, en contubernio con el lumpen y las cofradías de narcotraficantes y delincuentes, su satrapía anarcosocialista.

La Alameda de hoy se parece más a una postal de Alepo que al Santiago de hace apenas unos meses cuando despuntaba la primavera de 2019. Da la impresión que por ahí pasaron Atila, Gengis Khan y los cuatro jinetes del Apocalipsis al mismo tiempo, dejando su huella en edificios dañados, iglesias quemadas, paraderos destruidos, aceras desnudas de adoquines y muros saturados de grafitis y rayados. Hasta la irrupción de la pandemia en marzo de 2020, el triste espectáculo estuvo coronado por masas de vagos y delincuentes que, acampando por doquier, pululaban por sus calles, orgullosos, impunes, ebrios de poder. Casi dos años después, la columna vertebral de la capital de Chile, la antigua *Alameda de las Delicias*, yace hoy, maltratada, agraviada, ultrajada, exánime y sin esperanzas, secuestrada por la borra de la sociedad.

Ahora, con Chile de rodillas, resulta imposible no pensar en lo hermosa que estaba hace tan sólo unos meses la Plaza Baquedano, ¡el corazón de Santiago! Da pena ver lo que hicieron con la imponente estatua del prócer invicto del Ejército de Chile, profanada mil veces por las turbas enajenadas, rayada y mutilada, hasta que en un acto de cobardía impresentable el gobierno decidiera retirarla durante la madrugada del pasado 12 de marzo de 2021. Mucho antes, la horda se había encargado de echar por tierra la estatua al Soldado Desconocido, mancillada, como todo el entorno, en nombre de la supuesta "dignidad" de un pueblo que se deshonró a sí mismo en el altar de la ignorancia. Es importante tener en cuenta que la propia plaza, hoy en ruinas, es también una tumba. El soldado anónimo cuyo cuerpo reposa en ese lugar desde el 25 de agosto de 1931, dio la vida por Chile en la Batalla de Tacna el 26 de mayo de 1880. Como silente testigo del agravio permanece aún, cruzando el eje norte de Providencia, la augusta y poco conocida imagen del monumento vecino de la Plaza Italia, el Genio de la Libertad, ofrenda de la Italia de Víctor Manuel III para el centenario de la independencia nacional.

Es curioso como apelan a la "dignidad" los profanadores del alma de Chile mostrando en negativo, como en un cliché fotográfico, su abismal ruindad y bajeza. Porque invocan, precisamente, aquello de lo que carecen bautizando de manera espuria la zona cero de su orgía abominable con el adjetivo que nos muestra, a contraluz, su verdadera naturaleza degenerada.

Para finalizar, un dato curioso. Pocos saben que Baquedano fue presidente interino de Chile —¡por dos días!— tras la caída de Balmaceda en 1891, cargo del que fue defenestrado por no haber podido detener los saqueos a las propiedades de los derrotados de la guerra civil. Es decir, más de un siglo después, el ilustre general vuelve a ser víctima del desenfreno de un "pueblo" al cual sirvió con total dedicación. Es como si el alma de Chile se congraciara, de tanto en tanto, en el suicidio colectivo, inmolándose en nombre del odio y el resentimiento a alguna clase de demiurgo exterminador. Esta vez, sin embargo, el ritual se da en consonancia con la degeneración de sus gobernantes, que han optado por el camino menos digno de todos, el del cobarde que huye despavorido ante la visión del enemigo que profana la patria.

CHILE: ¿GUERRA CIVIL AD PORTAS?

¿Qué le hace pensar a tanta gente que una nueva Constitución le devolverá la paz a un país que se cae a pedazos? ¿Por qué debemos creer que los mismos que, desconociendo su aplastante fracaso electoral de fines de 2017 van respetar una eventual derrota en el plebiscito de salida que deberá aprobar o rechazar el texto redactado por la Convención Constituyente, en caso de que éste no satisfaga sus aspiraciones? ¿En qué cabeza cabe la aceptación de semejante paradoja, teniendo en cuenta las amenazas solapadas que en su momento emitieron políticos experimentados como Heraldo Muñoz, Camilo Escalona y el propio Jaime Quintana —quien era Presidente del Senado cuando estalló la revuelta—, en orden a que la "paz social" dependía de que se aprobara el inicio del proceso constituyente? Es decir, los mismos que sostienen que la Constitución del 80 es ilegítima porque se fraguó en "dictadura", ni siquiera pestañearon al imponer un proceso constituyente a la fuerza, amenazando con promover una orgía de destrucción y saqueos en todo Chile. Lo que hicieron, en el fondo, fue ponerle una pistola al pecho de cada chileno, diciendo: *si no apruebas "nuestra" Constitución* —la de ellos, la que tienen escrita siguiendo el modelo de la Constitución chavista—, *desataremos el infierno.*

A decir verdad, a casi dos años del inicio del proceso revolucionario los chilenos nos encontramos en una situación similar a la de los judíos europeos o a la del pueblo ruso antes del advenimiento de la Alemania nazi y de la revolución bolchevique. En los casos citados, ahora sabemos que ni unos ni otros percibieron el infierno que se les venía encima cuando se iniciaron los procesos que terminaron por desangrar sus respectivas naciones.

Ni qué decir lo que debe haber pasado por las cabezas de los venezolanos tras el Caracazo de 1989, ese violento levantamiento popular que, fomentado y apoyado por Cuba, inauguró el tormentoso período que culminó con la elección de Chávez en 1998 y la consiguiente llegada de la Revolución Bolivariana. Probablemente ni en las peores pesadillas de los venezolanos asomaban las imágenes de aquello en lo que llegaría a convertirse su bello país, por aquel entonces uno de los más prósperos de América Latina.

Algo sucede con las personas en estos períodos catastróficos. Es como si un velo les impidiera ver la realidad cara a cara, como si una especie de inercia cognitiva —producida probablemente por la instintiva aversión del ser humano a lo desconocido— paralizara en sus cerebros la capacidad de ajustar sus representaciones mentales al nuevo contexto. La incompatibilidad entre dos cogniciones simultáneas que impulsan a los seres humanos a actuar de modo contradictorio con lo que demanda la realidad exterior, recibe el nombre de disonancia cognitiva. Se puede ilustrar el concepto pensando en la orquesta del Titanic; aunque, en honor a la verdad, en el caso de esos nobles músicos, su respuesta a los hechos que ocurrían a su alrededor obedeció, evidentemente, a otro tipo de motivaciones.

Muy por el contrario, el proceder de nuestra clase gobernante, partiendo por el presidente Piñera y sus ministros, obedece a causas mucho menos nobles. Como ellos, la mayoría de los representantes de la derecha tradicional se encuentran en un estado de disonancia parecido al del gobierno. Esta actitud, compartida por la enorme mayoría del electorado de derecha, refleja, en el fondo, la falta de información, la ignorancia, la cobardía o la mera estupidez de quienes, teniendo frente a sus narices la evidencia empírica del desmoronamiento de su propio mundo —¡porque, señores/as, esto no es una película!—, prefieren seguir viviendo sus vidas como si nada sustancial hubiera ocurrido. Ellos, víctimas propiciatorias del paradigma emergente —la revolución, si... ¡la REVOLUCIÓN!—, son como los náufragos que ignoran el naufragio que protagonizan, comportándose como la pequeña presa que prefiere mirar para otro lado cuando está a punto de caer en las fauces de su depredador.

Porque, convengamos, pretender salir del pantano mediante la vía eleccionaria es, por decir lo menos, una estupidez si tus adversarios políticos han demostrado una y otra vez —¡lo gritan a los cuatro vientos!— que no están dispuesto a ceder un milímetro en sus convicciones totalitarias.

Pero no es la revolución en sí misma lo que condena a estos ilusos, sino la negación de la realidad. Es su estado mental lo que los deja indefensos ante el descalabro que se materializa a su alrededor. Es esta obstinada e incorregible negación la que mantiene paralizado al gobierno, presa de la ilusión de que cediendo a la presión de los grupos insurrectos, sometiéndose a todos sus caprichos, neutralizará su instinto incendiario; es esta tozuda negación la que llevó a la clase política a caer en la trampa del plebiscito de octubre. Y es esta misma negación la que lleva a millones de compatriotas a creer que la satisfacción de las "demandas ciudadanas" apagará las llamas de nuestro octubre rojo, evento que encendió la mecha de la bomba que pulverizará los cimientos de nuestra institucionalidad.

Ahora, cabe hacerse la pregunta: ¿a qué deben abrir los ojos el gobierno, la clase política y la ciudadanía de este país?

Es simple a nuestro parecer: a que el actual escenario sólo tiene dos puertas de salida, una de las cuales nos conduce —de la mano de la mafia que controla el férreo entramado de las organizaciones internacionales, con la ONU a la cabeza— al caos del socialismo bolivariano o socialismo a secas; la otra, en cambio, queramos o no, nos conduce muy probablemente a una guerra civil. Esta última opción encierra por lo menos la posibilidad de una victoria.

Aún estamos a tiempo.

LA PRENSA PROGRESISTA

Uno de los elementos más perniciosos de la actual crisis chilena ha sido el sesgo ideológico presente en el relato de los medios de comunicación, situación especialmente notoria en el caso de la televisión abierta. Los canales tradicionales, más que cumplir con su misión de informar sobre lo que sucedía en las calles, se convirtieron en agentes relevantes en la manipulación del clima psicológico en apoyo a las demandas. Esta unilateralidad tuvo un efecto muy concreto en el ciudadano común: ante la total ausencia de un discurso alternativo, la opinión pública se volcó en masa en apoyo al relato rupturista fomentado por la izquierda y los grupos anarquistas y antisistémicos. Así, camuflado con el caballo de Troya del reformismo social que copó la agenda, el cual decantó rápidamente en un anhelo refundacional, se coló el germen destructivo de un revanchismo trasnochado que abrió las compuertas de la violencia y el caos, arrastrando al país a una situación en extremo peligrosa.

El problema es que, frente a la debacle institucional provocada por la izquierda golpista y los grupos insurgentes, la derecha en pleno —desde la coalición de gobierno hasta el Partido Republicano— careció de respuestas efectivas.

Nuestra hipótesis es que esta falta de respuesta de la derecha ante la crisis se debe simplemente a que NO LA ENTIENDE.

En este escenario lúgubre y poco auspicioso en que se impuso el cambio constitucional resulta imperioso llenar el vacío originado por la tradicional carencia de relato de la derecha nacional, convertida hoy al progresismo. Lo que está en juego no es sólo el modelo económico, sino la estructura ética y moral de la nación. Es indispensable que la derecha "pixelada" —buenista, ingenua, deconstruida... estúpida— se dé cuenta, de una vez por todas, que Chile ha iniciado una deriva sin retorno hacia el tipo de socialismo promovido desde el eje Caracas-La Habana-Foro de Sao Paulo.

Ante este dramático e imprevisto giro de la historia resulta imperativo que los sectores patrióticos inicien una contraofensiva que nos permita rescatar el país lo antes posible de la catástrofe que se nos viene encima. Se trata, en definitiva, de la supervivencia de Chile. Así de simple.

EL SESGO IDEOLÓGICO DE LOS MEDIOS DE COMUNICACIÓN

Cabe hacerse la pregunta: ¿cómo es posible explicar la supervivencia de las ideas marxistas y sus corrientes derivadas a pesar de sus estrepitosos y constantes fracasos a nivel mundial? En la actual coyuntura, en un mundo en el que cada vez más países han ido cayendo en la trampa del progresismo —puerta de entrada del socialismo y el comunismo—, llama la atención la abrumadora capacidad de convocatoria de dichas ideas a nivel de masas. ¿Cómo es que la izquierda ha logrado semejante proeza?

No hay que ir muy lejos para dar con la respuesta: la clave está en el manejo del clima de opinión como mecanismo de control social. Gestionando el pensamiento y las emociones de la gente común, los promotores de estas ideas sientan las bases del monopolio del discurso políticamente correcto. En concreto, la persistencia del marxismo se basa en el éxito que han tenido hasta hoy sus representantes en la manipulación de los datos con que se alimenta el cerebro de la gente desde los medios adscritos a la corriente principal de pensamiento. En ese escenario, el control de los medios de comunicación ha sido un factor clave en la permanencia del *sueño* —o pesadilla— marxista.

Nadie pone en duda que la prensa es un componente esencial del complejo entramado de fuerzas que modelan el mundo. Si nos atenemos a lo ocurrido en Chile desde el 18-O en adelante, resulta evidente que los medios nacionales han deformado la realidad brindando información sesgada de manera sistemática. Lo más probable es que el estallido social no hubiese llegado a mayores sin el concurso interesado de los distintos canales de la televisión abierta, que desde un principio avivaron el fuego de las demandas sociales y espolearon las denuncias por las supuestas violaciones de los derechos humanos por parte de Carabineros de Chile, con la consiguiente persecución, injusta y arbitraria, a los funcionarios de la institución. El corolario de todo ese esfuerzo organizado de los partidarios y promotores de la insurrección fue el compromiso asumido por la gran mayoría de las fuerzas políticas, incluyendo a la derecha acomplejada, travestida, de iniciar el proceso para cambiar la Constitución de la República.

Por supuesto, lo que sucede en Chile acontece también en la mayoría de las democracias occidentales. La manipulación de la realidad por parte de los medios es un fenómeno global. Es bien sabido que la prensa —el llamado *cuarto poder*—, más que informar, siembra opinión en la vida pública por medio del enfoque que utiliza en la cobertura de los hechos noticiosos, así como por la interpretación que hace de los mismos. El problema es que, a nivel global, la propiedad de los medios de comunicación se ha ido concentrando cada vez más en unas pocas manos. Seis poderosos holdings mediáticos con sede en los Estados Unidos (AT&T, Comcast, News Corp., The Walt Disney Company, Fox Corporation y National Amusements, compañía que incluye a los gigantes Viacom Inc. y CBS) controlan más del 70 % de lo que leen, miran y escuchan los ciudadanos estadounidenses, influenciando fuertemente el clima de opinión en todo Occidente. En Europa, el grupo alemán Bertelsmann, el español Prisa, el italiano MediaSet, fundado por Berlusconi, los franceses Vivendi y Lagardère, y la cadena británica BBC, operan como representantes de los mismos intereses. En América Latina, por su parte, aunque con un peso específico muy inferior al de las *Big Six* estadounidenses y sus socios europeos —y, por tanto, operando bajo la horma que se les impone desde los pisos superiores de la pirámide del poder—, destacan la cadena mexicana Televisa, la brasileña Globo, el grupo Clarín en Argentina, Copesa y El Mercurio en Chile, etc. Es un hecho que la tendencia a la concentración de poder en esta área crucial es cada vez mayor, propiciando que unos pocos individuos, pertenecientes a grupos de interés bien específicos, controlen la generación y distribución de contenidos a escala planetaria.

Lo mismo sucede con la industria de la entretención y las redes sociales, que se han transformado en un baluarte para la promoción de las mismas ideas. Aparte de la implacable censura impuesta por las grandes tecnológicas[13], la inmensa mayoría de los estudios cinematográficos, productoras de televisión, canales de cable y plataformas de streaming, entre otros actores relevantes del mercado del entretenimiento, han demostrado con creces estar totalmente comprometidos con la agenda progresista, promoviendo en las pantallas —matriz decisiva de la subjetividad en la sociedad de masas— las agendas de género, LGBT, cambio climático, aborto, inmigración, etc.

En efecto, un porcentaje importante de los contenidos que circulan por la red expresa esta misma tendencia de crítica radical hacia el modo de vida de Occidente, partiendo por el permanente cuestionamiento de la base cristiana de la cultura occidental con sus normas sociales y su entramado ético-valórico, sus instituciones tradicionales y sus sistemas políticos, llegando a impugnar el concepto mismo del estado-nación. Lo grave del caso es que la obra de demolición que han emprendido ha terminado por allanar el camino a todo tipo de ideologías y concepciones del mundo, de por sí cuestionables, que van desde la mera defensa del modelo socialista hasta la propagación de corrientes anárquicas y antisistémicas de todo tipo, algunas abiertamente hostiles a la civilización, hasta el punto de declararse "enemigas de todo lo humano"[14].

El problema es que, en la actualidad, y de manera sorprendente, esta tendencia destructora de nuestra identidad es abiertamente favorecida por los dueños de las Big Tech. La estrecha vinculación entre el ideario progresista y los intereses del globalismo es algo

---

[13] Google, Amazon, Facebook, Apple y Microsoft (GAFAM).

[14] Infectado Misántropo. Comunicados de ITS, 4 de enero 2021. Ver online: http://maldicionecoextremista.altervista.org/tag/comunicados-de-its/

que, a estas alturas, no puede ser refutado. El 2020 fue el año en que estas compañías se despojaron definitivamente de sus caretas y comenzaron a estrechar el cerco de la censura sobre las ideas que se resisten al avance arrollador de sus distintas agendas. Los acontecimientos que precipitaron la consolidación definitiva de este celo inquisidor fueron la irrupción de la pandemia y la elección presidencial en los Estados Unidos.

En el caso de la pandemia, la verdad institucional se fue imponiendo de manera paulatina pero avasalladora, hasta el punto de que ya no se puede cuestionar la versión oficial sobre el origen del virus ni la validez de los tratamientos y medidas sanitarias que, bajo la tutela de la OMS, han ido adoptando los estados para mitigar el supuesto avance de la enfermedad, menos aún contradecir el relato oficial sobre las vacunas, si no quiere uno transformarse en el centro de las críticas y del escarnio público, sin mencionar la posibilidad de ser proscrito de la vida en sociedad o de ser cancelado, poniendo incluso en riesgo la fuente laboral ante la perspectiva de perder apoyos y subvenciones, lo que es especialmente relevante en el ámbito científico y académico. En el caso de la elección presidencial estadounidense, plataformas como Facebook y Twitter se desataron definitivamente las trenzas cerrando de manera arbitraria las cuentas del presidente Trump en medio de la amarga disputa surgida por el fraude electoral. Ni qué hablar de la implacable persecución que YouTube ha emprendido en contra de los creadores de contenidos que osen difundir puntos de vista discordantes con lo establecido como políticamente correcto.

Así, de manera paradojal, en un mundo en que la información se ha vuelto cada vez más importante —después de todo, vivimos en la sociedad del conocimiento—, un número creciente de individuos ha ido vendiendo, literalmente, su alma al diablo, comprometiéndose con agendas cuyos verdaderos fines desconoce, diluyendo su identidad en el seno de una chusma cada vez más ignorante y fanática. Vale la pena recalcar esto: de modo voluntario, buena parte de la humanidad ha decidido entregar lo más preciado que posee la vida humana, su libertad, disolviéndose, por lo mismo, en la nada.

Las causas ocultas

Las motivaciones por las que los individuos que están detrás de la propiedad de estas grandes corporaciones han estrechado filas en la defensa de dichas agendas es un tema complejo de explicar, pero, en esencia, nos remite al concepto de *metacapitalismo* al que aludimos anteriormente. Ponerle riendas al pensamiento humano manipulando el contenido de los medios, incluyendo el montaje de campañas de desinformación —cuestión que les permite, entre otras cosas, intervenir en los procesos electorales—, ha de ser una tentación muy difícil de resistir para el tipo de personalidades especialmente codiciosas que conforman la neoaristocracia de la que habla Olavo de Carvalho[15], más aún para aquellos que tienen inclinaciones mesiánicas. También es altamente probable, añadimos, que sus propósitos más recónditos tengan algo que ver con lo expuesto por Monseñor Carlo María Viganò en su célebre carta a Trump del 13 de junio de 2020, tema del último apartado de este libro.

Con el transcurso del tiempo, estos oscuros personajes, en complicidad con la nefasta casta de burócratas que controla los organismos internacionales y las élites políticas de los distintos países, han conseguido forjar un mundo a la medida de sus intereses. Las distintas plataformas que administran les han proporcionado múltiples posibilidades para poner en práctica una gran variedad de mecanismos de control psicológico, concienzudamente estudiados, a su vez, por los así llamados *intelectuales orgánicos* del sistema, comprometidos de cabo a rabo con la agenda globalista. Desde su punto de vista, al crear sus imperios mediáticos, al fundar y mantener periódicos, montar cadenas de radio y televisión, agencias de noticias, editoriales, productoras cinematográficas y todo tipo de empresas generadoras y distribuidoras de contenidos, lo que han hecho es construir una formidable rueda de alfarero de la que se han valido para moldear el pensamiento humano a su antojo, plasmando en la materia al hombre-masa del que hablaba Ortega, ese hombre-rebaño, dúctil, manipulable, reducido en todas partes a simple antena repetidora, sin alma, sujeto sumiso de su propia tragedia, reflejo

---

[15]   Ver capítulo CHILE BAJO ATAQUE.

pálido de sí mismo que le ha dado la espalda al espíritu, a la ley natural y a todo lo que lo hace propiamente humano —la consciencia, la voluntad, el libre albedrío—, un hombre, en última instancia, sin conexión alguna con la realidad, como no sean sus propios instintos. Hablamos, a fin de cuentas, del "hombre nuevo" del marxismo, que, paradójicamente, se ha transformado en el hombre-semilla del post-humanismo, pues es el hombre cuyo destino, determinado desde "arriba" por las manos que mueven los hilos del mundo, es ser reemplazado por las máquinas y la IA con el advenimiento de la cuarta revolución industrial. Así, haciendo uso de esa "rueda de alfarero", estos titiriteros han sembrado en el alma humana todo tipo de ideas, creencias, miedos, anhelos y ambiciones útiles a sus fines. En el plano político, es necesario reconocer que han venido envolviendo a la humanidad con sus tentáculos desde hace siglos, estrangulándola lentamente, jugando siempre a ganador en todos los escenarios, apostando sus fichas en todas las posiciones del tablero, asegurándose de sacar ventaja casi en cualquier circunstancia (a fin de cuentas, todo es cuestión de poder y de dinero).

En suma, no se debe menospreciar la capacidad de la industria de contenidos y de medios de establecer arbitrariamente, en arreglo a sus propios intereses, lo que se pone en el centro de atención de la opinión pública. Al marcar la pauta noticiosa, que tiende luego a transformarse en el centro del debate político, los enfoques editoriales forjan y modelan los planteamientos de las clases gobernantes sobre las materias editorializadas, influyendo fuertemente en sus juicios y opiniones, contribuyendo con ello más a producir realidad que a reflejarla. Entre otras creencias devenidas en dogmas por medio de este juego de poder, un segmento importante de la opinión pública no pone en duda la corrupción inexorable del sistema capitalista, especialmente en su variante "neoliberal", o la omnipresencia del "patriarcado opresor", sólo por citar dos ideas potentes que se han transformado en puntos de ruptura social y cultural utilizados políticamente por los partidarios del actual proceso revolucionario en América Latina.

En lo que respecta a Chile, resulta imperioso frenar el avance del fanatismo necio e intolerante que se ha apoderado de amplios segmentos de nuestra sociedad, especialmente en el ámbito académico y en los medios. En los días que corren, nada es más importante que defender la supremacía de la razón y del sentido común por sobre la intransigencia y el celo oscurantista que alimenta el clima de violencia que se respira en todas partes. El objetivo debe ser salvar la convivencia cívica y volver a instalar en el centro de la vida política el respeto por quien piensa diferente.

El influyente pensador chileno, Axel Kaiser, dice:

> Si se abandona la cultura al predominio de las ideas socialistas nadie puede quejarse después de que el país es cada vez menos libre, que la economía se estanca, que los sindicatos paralizan empresas, que los impuestos son muy altos y suma y sigue. Y aunque parezca difícil de creer, el avance de las ideas socialistas en Chile se debe en parte importante a que no se ha dado como corresponde la batalla por la cultura. No se ha ofrecido una alternativa real y menos un proyecto político con contenido. Y es que al sector encargado de este trabajo no le interesa este tema, peor aún: suele despreciar todo lo que huela a cultura y ese tipo de cosas «inútiles».[16]

Y más adelante:

> Es sabido quiénes son los campeones de la mitología y el manejo de las ideas a través del lenguaje. Por eso la izquierda, aun cuando lo haga muy mal en el gobierno, logra salir elegida una y otra vez sobre la base de espejismos como la «justicia social», el discurso de la igualdad y su supuesta preocupación por los pobres. Y es que [...], tal como ocurre con la religión y ciertas doctrinas políticas, las ideologías «son materia de fe antes que de la razón y subsisten pese a las abrumadoras pruebas en contra».

---

[16] Kaiser, Axel. "La fatal ignorancia. La anorexia cultural de la derecha frente al avance ideológico progresista" (2014). UNIÓN EDITORIAL, S.A. Fundación para el progreso. Pág. 31.

¿Y qué hay de la derecha o los sectores no progresistas en este cuadro? Bueno, como la derecha no destina ni tiempo ni demasiados recursos al mundo de las ideas y piensa casi exclusivamente en términos de productividad, convencida de que los seres humanos nos movemos sólo por incentivos, entonces lógicamente no atrae a las masas. Al no transmitir ideas, la derecha no logra configurar una identidad ni perfilarse como referente. Peor aún, termina estigmatizada por los mitos y prejuicios que la izquierda hábilmente transmite a las masas a través de teleseries, discursos políticos, cátedras universitarias, columnas de opinión, etc. Chupasangres, explotadores, «fachos», partidarios del gran capital y pinochetistas son algunos de los conceptos con que astutamente la izquierda ha logrado identificar a la derecha chilena. Y a no engañarse, porque esa visión torcida es precisamente una de las consecuencias del desprecio de la derecha por la cultura y las ideas. Es producto de mucho tiempo sin hacer un trabajo de imagen.[17]

En este escenario sombrío y convulsionado en el que todo puede salir mal, es una obligación de quienes verdaderamente aman a su país asumir, cada quien en su ámbito de acción, un mayor protagonismo en el esfuerzo por desmantelar la cruzada destructora que están llevando a cabo los enemigos de Chile restaurando la verdadera dignidad de esta tierra, valor profundamente arraigado a un modo de ser que hasta hace no mucho tiempo encontraba expresión en una cultura cívica propia de sociedades más avanzadas. El chileno ha sido siempre un pueblo sobrio y austero donde priman el amor por el terruño, la entereza moral y una capacidad admirable para enfrentar la adversidad y levantarse una y otra vez ante los continuos embates de la naturaleza. Hoy en día esa misma fuerza destructora, petrificante y salvaje, ha cobrado vida en los antivalores que corren por las venas del impulso antihumano y anticivilizatorio que tiene cercado a Occidente. En este punto, se nos vienen a la memoria las primeras palabras del Manifiesto Comunista: *Un fantasma recorre Europa: el fantasma del comunismo…* Demás está

---

[17] Ibíd. Págs. 89-90.

decir que ese viejo fantasma, que durante el siglo XX terminó por extenderse por buena parte del mundo, ha regresado en el siglo XXI robustecido, mucho más astuto que antes, más artero e infame, aunque igualmente disfrazado, como siempre, de portaestandarte del progreso humano.

Así, no es trivial la tarea de rescatar Chile de las garras de ese *fantasma* que está convirtiendo el país en campo de batalla arrasado por el odio, el resentimiento, la violencia. Ellos, los *hijos del caos*, buscan borrar de un plumazo todo lo que fuimos —algunos, situados en los extremos, persiguen, como vimos, borrar incluso todo rastro de civilización—, por lo que es nuestro deber defender nuestro mundo, nuestro modo de ser, nuestra forma de vida. Y para lograrlo es indispensable dar la batalla de las ideas, seducir y conquistar a la opinión pública sembrando en las mentes de la gente un discurso alternativo —¡una *narrativa* que le haga frente a sus mentiras!—, echando mano de la razón e incluso de la ciencia, porque la verdad está del lado de los que aman a su país y respetan la libertad individual, la igualdad ante la ley y el orden natural de las cosas. Son ellos, los herederos de ese viejo *fantasma*, los que mienten, los que han manipulado la historia y tergiversado los hechos camuflando los datos objetivos, prometiendo lo que nunca han podido ni podrán cumplir, porque es un hecho irrebatible que la miseria, el hambre, la persecución, el aplastamiento brutal de la disidencia, es una marca registrada de todos los experimentos marxistas a lo largo de la historia. ¡De todos!

El día que se entienda cómo es que la izquierda, pese a la evidencia incontrastable de sus constantes fracasos históricos y la brutalidad de sus métodos sanguinarios, ha logrado permanecer como una alternativa atractiva para tanta gente, será el día en que los defensores de la vida, de la libertad y del sentido común despierten de su sopor y comiencen a reconquistar el territorio físico y espiritual que, en su ingenuidad estólida, en ese vivir mirándose el ombligo, que parece ser el pasatiempo favorito de nuestras élites, han perdido.

Pero aún después de eso, será necesario un segundo despertar, que vendrá con la comprensión de que el verdadero enemigo está más allá incluso de esa izquierda insensata y trasnochada que lidera las revueltas, así como del progresismo fanático que es su gemelo. Porque, tirando de los hilos que mueven a estos gigantescos espantapájaros que asolan al mundo, está ese pequeño círculo de magnates que, decididos a afianzar su dominio sobre el planeta, se encuentran ahora abocados a secuestrar el alma de sus habitantes utilizando para ello el inmenso poder de los medios y de las tecnologías de la información y las comunicaciones. Decimos esto porque es bastante probable que, después de conseguir sus fines, esta corte infernal finiquite su labor deshaciéndose, literalmente, de buena parte de la humanidad, marxistas incluidos. A fin de cuentas, ellos, neomalthusianos convencidos —¡lo han dicho en todos los tonos!—, aspiran a salvar al mismo planeta de sus habitantes humanos introduciendo, como ya mencionamos, un programa de transformaciones mucho más vasto que correrá en paralelo al establecimiento de la cuarta revolución industrial, piedra angular del mundo posthumano con que sueñan algunos de ellos.

Esto no es en modo alguno una simple teoría de la conspiración, se trata de los planes que esta élite está impulsando desde plataformas como el Foro Económico Mundial, el Banco Mundial, el Fondo Monetario Internacional y la propia ONU, fomentando políticas de contracepción, incluido el aborto, en conjunto con las teorías de género y *queer*, que contribuyen a socavar las bases mismas de la sexualidad humana y de la familia (entre otras consecuencias, las mujeres "liberadas" tienden a tener menos hijos), utilizando además el ecologismo como arma para la desindustrialización de los países en desarrollo y el presunto derecho a la inmigración y el multiculturalismo como torpedo bajo de la línea de flotación de los estados nacionales. De eso se trata el abismo al que está arrastrando al mundo la neoaristocracia que está moviendo los hilos del mundo tras bastidores. En el fondo, los actuales líderes revolucionarios son meros peones inconscientes del gran cambio, simples autómatas o mascotas entrenadas de esa casta de oligarcas que, convencidos de sus delirios malthusianos, sueñan con reemplazar a buena parte de la humanidad por IAs y robots diseñados al uso de sus necesidades.

LA MANIPULACIÓN DE LA
INFORMACIÓN

La banalización de los noticieros y programas informativos no es un hecho trivial. Obedece a una cuidada planificación de la cual participan deliberadamente los directores y editores de los medios, ya sea para ganar audiencia o para satisfacer las necesidades de sus jefes ocultos. El trabajo sucio, el embrutecimiento de la población, es una tarea a la que se dedican ingentes recursos humanos y materiales. Si controlas los sueños de la gente, sus aspiraciones, te has hecho con el control total de sus vidas. Ya no necesitas censurar a intelectuales, artistas o creadores despiertos, basta con volver analfabeto al pueblo y sepultar el anhelo de belleza en una estética ramplona, a nivel de suelo, totalmente desprovista de vuelo y anhelo de trascendencia; basta con hacerle creer a la gente que la libertad tiene menos que ver con el pensamiento que con sus actos externos y la mera autosatisfacción de sus deseos e impulsos. Dicho de otro modo, basta con hacerlos pasar el tiempo mirándose el ombligo.

Y para eso no se necesita más que la música popular, el cine, las teleseries, los reality shows, los programas de entrevistas y farándula, y los grandes espectáculos tipo Teletón, entre otras distracciones apreciadas por las multitudes. No hay forma más eficiente para hacer llegar el mensaje arrullador al alma del rebaño: duérmete, déjate llevar por tus emociones, eres libre de hacer y deshacer en el mundo de acuerdo a tus impulsos y necesidades básicas; continúa soñando con el éxito, con la realización de tus sueños, con el amor ideal; o, en su defecto, descree de él, confórmate con lo que tienes a tu alcance, lo demás es ilusión. No sueñes más allá de ti mismo, y si quieres hacerlo haz tuyo entonces el sueño colectivo que a la sazón te proporcionamos; identifícate con el movimiento tal o cual, con tus creencias religiosas o con tu ateísmo militante, con un equipo de fútbol, una tribu urbana, el movimiento ecologista, la causa del cambio climático, los extraterrestres, el fin de los tiempos, cualquier cosa que se te pase por la cabeza, con tal de que no pienses por ti mismo y te enfrentes a la realidad desnuda del mundo.

Es este fenómeno de embrutecimiento colectivo el que está detrás del colapso moral de la civilización contemporánea. La impotencia, la ineptitud, la ignorancia de los ciudadanos, es la joya de la corona de los pretendidos dioses y sacerdotes de la élite global. Ellos reinan sobre el alma del mundo porque el mundo se ha despojado voluntariamente de su alma.

Poco importan los individuos que hayan despertado del sueño, mientras sean unos pocos y no alcancen una masa crítica que los vuelva peligrosos. Pero aún si llegaran a ser muchos los que despierten, los grandes titiriteros moverán los hilos para acallarlos. Siempre está la posibilidad de comprar las almas de unos y otros con el éxito, un premio aquí, otro allá, una beca, la fama, el dinero fácil, cualquier cosa. En caso contrario, una revolución basta. Las armas sobran, balas, flores, drogas, los medios al alcance son muchos. El impulso de cambio de fines de los sesenta lo neutralizaron con la "rebelión de las flores", la contracultura de las drogas y la pseudo-religiosidad que sembró las semillas del movimiento New Age. Cualquier intento de rebelión en el mundo de la música es cooptada con facilidad por la industria discográfica. Lo mismo ocurre con el cine, la literatura, las artes visuales.

Nunca faltarán medios para neutralizar a los que se aparten del rebaño. Hoy como ayer, los recursos son ilimitados, aunque el principal de ellos es la propia estupidez humana, la ignorancia, el orgullo, la avaricia.

Y para neutralizar el poder de los medios alternativos surgidos al amparo de la revolución digital basta con dejar hablar a los charlatanes de siempre, que proliferan como setas hasta debajo de las piedras. Así se aprovecha la pseudo libertad del ciberespacio para destruir la libertad de pensamiento. Al amparo de los embusteros, los amos del mundo se aseguran la permanencia del velo en los ojos de todos. Hay tanto idiota navegando en esas aguas sin saber nadar. Tuertos guiando a ciegos, sonámbulos portadores de cayados de plástico soñando con separar las aguas del poder a base de sus alucinaciones delirantes.

El poder de la información está en la base del poder a secas. Si manejas o controlas la información, lo controlas todo. Entonces, la desaparición de la información real de los medios de comunicación es la mejor estrategia de los "amos del mundo" —la élite globalista— para controlar la disidencia. Haciendo desaparecer la información, degradan el pensamiento; y degradando el pensamiento, echan abajo las barreras protectoras de las sociedades, que de este modo quedan expuestas a la voracidad insaciable de los depredadores de las finanzas mundiales y del poder político.

CONSIDERACIONES SOBRE EL 18 DE OCTUBRE Y LA REVOLUCIÓN MOLECULAR

Hace dos mil quinientos años Confucio observó que mientras la virtud del gobernante se asemeja a la del viento, la del pueblo se parece a la de la hierba: cuando el viento sopla, la hierba se doblega. En el Chile de hoy —territorio sitiado en todos los sentidos posibles—, pareciera que el paradigma se hubiera invertido. El gobierno se ha postrado ante las fuerzas disruptivas que han desencadenado el proceso insurreccional que está demoliendo las bases de nuestra convivencia. Para colmo de males, nuestra clase política no ha entendido la verdadera naturaleza del 18 de octubre, ni menos aquilatado las complejas derivaciones socioculturales, e incluso geopolíticas, de este ataque al corazón de la república.

Parafraseando al fiel representante de la izquierda radical española Juan Carlos Monedero[18], uno de los ideólogos del partido populista Podemos —quien fue uno de los invitados al primer Foro Latinoamericano de Derechos Humanos (FOLADH), realizado en enero de 2020 en el ex Congreso Nacional de Santiago—, es como si de pronto el "viento" hubiera cambiado de bando. Uno tras otro los miembros de nuestra élite gobernante —el famoso "club de amigos" del que habló Matthei en un canal de televisión—, partiendo por el presidente, se han dejado desnudar por el peso de una realidad que los supera, habiéndose convertido todos ellos en briznas de hierba

---

[18]   En su discurso el politólogo español señaló que "el miedo debe cambiar de bando".

despeinadas por la fuerza del *viento* huracanado que se ha tomado las calles.

Sin embargo, si tenemos en cuenta el nivel intelectual y cultural de la facción más dura de los manifestantes, la llamada "primera línea", considerando la tosquedad de sus argumentos y la fuerza bruta, de naturaleza meramente animal, empleada en sus afanes destructivos, cabe hacerse la pregunta: ¿es que pueden esos representantes del lumpen siquiera soñar con controlar las fuerzas que, en su insensatez, han despertado? No se ve muy claro por dónde sea eso posible. La masa ciega, por carecer de voluntad propia, no puede menos que hundirse en la cloaca que sus acciones forjaron, pues, por definición, las turbas carecen de la fuerza y la imaginación que se necesitaría para detener la espiral de caída que sus propias acciones desencadenaron. Igual cosa puede decirse de aquellos que le brindan apoyo político a sus acciones en la esfera pública, convirtiéndose con ello en cómplices de su barbarie.

Entonces, si nuestra élite gobernante se somete, como lo hace, ante las masas ensoberbecidas; y si ellas, a su vez, carecen de la inteligencia y la voluntad para imponer un modelo institucional alternativo, ¿cuál es la fuente de ese viento huracanado ante el cual todos, de capitán a paje, se doblegan? ¿Quién está, realmente, gobernando Chile? ¿Desde cuándo lo hace? Y, por supuesto, ¿para qué...?

La respuesta ha estado desde hace tiempo sobre la mesa, pero nuestra élite ha preferido mirar para otro lado.

Es posible que podamos aproximarnos a entender lo que está sucediendo en la trastienda de nuestra realidad cotidiana — incluyendo, naturalmente, el escenario elusivo, subrepticio, de la psiquis colectiva— si recordamos estas palabras de Gilles Deleuze: *"El terror y la crisis son, ante todo, maneras de gobernar"*.

A estas alturas la opinión pública informada tiene claro que el modelo de lucha aplicado en Chile recibe el nombre de revolución molecular. [Se ha escrito y dicho bastante sobre el particular. Recomiendo, a este respecto, el análisis de Alexis López Tapia en su canal de YouTube[19], y un artículo de Daniela Carrasco en El Líbero[20]]

.

Este modelo revolucionario multiplica los escenarios en que se lleva a cabo la lucha creando puntos de quiebre o *esquizes* que fracturan el tejido social en diferentes ámbitos de la realidad. Estos esquizes, definidos como "cortes del sistema de dominio," generan lo que los ideólogos de este modelo llaman "flujos semióticos y materiales", que alteran la subjetividad, confiriendo nuevo significado y sentido a las cosas. El objetivo de esta modificación de la subjetividad es proporcionar a las fuerzas revolucionarias argumentos que les permitan desestructurar el sistema de poder dominante y crear nuevos paradigmas, sentando de este modo las bases de un nuevo poder. Las armas utilizadas en esta clase de operaciones son tanto convencionales como simbólicas, y los combatientes se despliegan en una caótica variedad de movimientos sociales, culturales, políticos, gremiales e incluso delictuales, combatiendo cada uno de manera "molecular", copando así el territorio y saturando el espacio subjetivo urbano.

En palabras de Félix Guattari, la lucha

> ...debe desarrollarse por todos los niveles de la economía deseante que están contaminados por el capitalismo (a nivel del individuo, de la pareja, de la familia, de la escuela, del grupo militante, de la locura, de las prisiones, de la homosexualidad, etc.).[21]

En este esquema, el control de la calle, es decir, del *territorio*, sería un elemento secundario subordinado al control mental de la población. Más que anular la capacidad de respuesta material del enemigo los agentes de este tipo de revolución perseguirían anular la

---

[19] Alexis López Tapia. *El modelo de revolución molecular disipada. Primera Parte.* 18 de enero de 2020. Ver online: https://www.youtube.com/watch?v=GnjtHz6iUBU

[20] Daniela Carrasco. 18-O: *El inicio de una Revolución Molecular.* 6 de noviembre de 2019. Ver online: https://ellibero.cl/opinion/daniela-carrasco-18-de-octubre-el-inicio-de-una-revolucion-molecular/

[21] Del libro *La revolución molecular*, Félix Guattari (1977). NOTA: El concepto "economía deseante" hace alusión al modelo económico capitalista que, según el filósofo Gilles Deleuze, se orienta a alimentar los deseos ilimitados de las "máquinas deseantes" (los seres humanos).

capacidad intelectual e incluso espiritual del adversario, haciéndolo dudar de sus convicciones más profundas, colonizando su psiquis y destruyendo su moral, socavando con ello el principio de autoridad en la sociedad. De este modo, debilitando la resistencia mental de la población se debilita la voluntad de una respuesta militar. El efecto de la estratagema no es otro que paralizar a la víctima en las mismas fauces del dragón que la devora.

Lo penoso del caso es que Chile se ha convertido en un ejemplo paradigmático de esta estrategia, toda vez que quienes tendrían por misión enfrentar a las fuerzas disolventes de la sociedad nacional han capitulado vergonzosamente, transformándose en meras briznas de hierba a merced de los vientos revolucionarios.

A este respecto el diagnóstico es claro. Porque ya sabemos a qué le teme el mundo militar: a acabar como terminaron los que se echaron el país al hombro el 73.

También sabemos a qué le teme la clase política: a perder su cuota de poder en el Chile post-revolución. En el fondo, los políticos buscan "abuenarse" con los verdugos del país para ver si logran conservar una parte de los despojos que queden tras la usurpación.

Por otro lado, el núcleo duro de la élite empresarial teme, obviamente, perder sus negocios y privilegios; aunque sabemos que algunos nunca pierden: cambiarán de mano algunas empresas, surgirán nuevos negocios, comprarán a precio de huevo lo que otros habrán perdido tras la bancarrota del modelo, etc.

En cuanto al Poder Ejecutivo, cabría preguntarle al presidente: ¿Qué le ofrecieron? O, tal vez, ¿con qué lo tienen amenazado? ¿Le tienen congelados sus activos en el extranjero, o amenazan con hacerlo? ¿Tiene miedo de perder su fortuna? ¿Tienen secuestrado a algún miembro de su familia? ¿Lo sabremos alguna vez…?

POPULISMO EN EL PLANETA DE LOS SIMIOS

Chile se encuentra al borde del abismo. La revolución en marcha ha sumido al país en el caos. La bonanza de los últimos treinta años ha concluido abruptamente y no se avizora nada bueno en perspectiva. Más allá de nuestras fronteras no se entiende por qué sucedió lo que sucedió en el país más próspero y estable de esta parte del mundo.

El 22 de octubre el sitio de noticias Bloomberg publicó una opinión del experto en mercados John Authers, que decía:

> El hecho de que las protestas estén agitando a una de las naciones más prósperas de América Latina sugiere que una situación similar podría suceder fácilmente en otros lugares.[22]

Pocos días después, en una nota de los columnistas Sarah Ponczek y Michael P. Regan, el mismo sitio titulaba:

> Los disturbios populares en Chile son una lección para el mundo.[23]

¡Así de significativa se considera nuestra revolución de octubre!

Un mes más tarde, el 27 de noviembre, el popular sitio Quartz publicaba un artículo firmado por Annalisa Merelli hacía ver que:

> Las protestas provocaron sorpresa, especialmente en países que, como Chile, pertenecían a la Organización para la

---

[22] https://www.bloomberg.com/opinion/articles/2019-10-22/chile-s-violent-protests-have-a-worrisome-message-for-the-world

[23] https://www.bloomberg.com/news/articles/2019-10-25/chile-s-lesson-for-the-world-from-its-recent-unrest

Cooperación y el Desarrollo Económico (OCDE). El club de 36 miembros de países en su mayoría ricos había aclamado durante mucho tiempo la prosperidad de Chile.[24]

En síntesis, el 18-O había puesto a Chile bajo la lupa de los analistas a nivel internacional. Casi sin excepción, los observadores ponían el foco de su atención en la paradoja de la riqueza, que ahora daba la impresión de ser el principal problema de un país que hace tan sólo cuarenta años se encontraba sumido en el subdesarrollo. Sí, porque mientras más rico un país, más desigualdad entre sus habitantes. Este hecho, que es explotado hasta la saciedad por la izquierda en todo el mundo, explica en parte la explosión social del 18 de octubre.

Pero el cuadro no era tan simple, ni entonces ni ahora. Hay que tener en cuenta que, según datos del Ministerio de Desarrollo Social, desde fines de los años ochenta Chile había reducido de manera considerable los índices de pobreza desde un abultado 40 %, a tan sólo un 8,6 % el año 2017. Además de eso, desde el retorno a la democracia Chile se había posicionado como el país con mayor movilidad social de la OCDE, luciendo por muchos años el PIB per cápita más alto de América Latina. Y todo gracias al modelo económico adoptado por el régimen militar y profundizado por los gobiernos de la Concertación.

En un artículo de BBC Mundo, firmado por el periodista Luis Fajardo, se dice:

> Chile ha seguido gozando de una prosperidad económica ejemplar para el contexto latinoamericano desde su regreso a la democracia en 1990. Logró un crecimiento de 4,8 % en el primer semestre de 2018, el mejor de América Latina. Y el FMI estima que en 2022 Chile será el primer país de la región en alcanzar un PIB per cápita de US$30.000, similar al de algunas naciones europeas como Hungría o Portugal.[25]

---

[24]   https://qz.com/1754400/protests-in-chile-are-about-wealth-as-much-as-inequality/

[25]   BBC News. Luis Fajardo. ¿Es realmente el milagro económico de Chile una herencia de Pinochet? 8 de enero 2019. Ver online:

Pese a ello, es siempre bueno considerar el otro lado de la moneda. Según el indicador de Gini del Banco Mundial, la economía chilena está entre las veinticinco más desiguales del planeta. Recalcamos este dato: el país más próspero de América Latina, que puede exhibir uno de los índices más bajos de pobreza, está, simultáneamente, entre los más desiguales del mundo.

Teniendo en cuenta este antecedente, es indispensable poner las cosas en perspectiva. En realidad, entre 1990 y 2019 la desigualdad de ingresos se redujo significativamente. En este periodo el coeficiente de Gini pasó de un 0,572 al inicio de la transición, a un 0,466 en 2017. Y, según los expertos, la tendencia antes del 18 de octubre apuntaba hacia una disminución progresiva de esa brecha. Otro antecedente a considerar es que, según datos del Banco Mundial, en el período 1990-2015 el 10 % más pobre de los chilenos experimentó un alza en sus ingresos de un 439 %, mientras que los del 10 % de los más ricos sólo crecieron en un 208 %. Es decir, a pesar de la desigualdad, habría que considerar que:

1. Hay muchos menos pobres hoy que hace treinta años atrás, dato que demuestra que hubo un crecimiento exponencial de la clase media.

2. Los pobres de hoy están cuatro veces mejor que hace treinta años.

En relación al descontento, es difícil entender que a la gente le importe menos el progreso individual que la prosperidad supuestamente excesiva de una minoría, pero es lo que finalmente cuenta para muchos. Nadie duda que hoy en día la gran mayoría de la gente disfruta, efectivamente, de mejores condiciones de vida que hace tres o cuatro décadas, pero el dato duro no cuenta para la percepción que tienen las masas de que la desigualdad es algo verdaderamente relevante. En efecto, para una gran parte de la ciudadanía, más que la mejoría objetiva de sus condiciones de vida, lo que importa es que la brecha entre ricos y pobres es demasiado grande.

---

https://www.bbc.com/mundo/noticias-46788932

Y frente a esa creencia, cabe hacerse la pregunta: ¿según qué parámetros? Se hace difícil creer que esta postura se base en la simple envidia de quienes, pese al progreso objetivo experimentado en las últimas décadas, se obsesionan con el hecho de que otros tengan acceso a más cosas que ellos.

Para entender el fenómeno es necesario explorar otros caminos.

En 2018 el periodista Moisés Naím opinaba:

> …la principal causa de los conflictos que se avecinan no será el choque entre civilizaciones, sino la indignación generada por las expectativas frustradas de una clase media que está en declive en los países ricos y en ascenso en los pobres.[26]

Esta hipótesis cobra especial relevancia si consideramos la escalada de estallidos sociales que se ha producido a nivel global.

Según el periodista venezolano, entre las causas que explican el descontento en los países desarrollados —habría que contemplar también a los que están en vías de desarrollo— está el mayor acceso a la información, lo que implica la posibilidad que tienen las masas de asomarse a vislumbrar cómo viven los más afortunados. La industria del cine y la televisión, además de la penetración de los medios y la omnipresencia de las redes sociales, ofrecen a raudales imágenes del glamoroso pasar de las clases privilegiadas en un arco que abarca todo el espectro de estilos de vida de las élites adineradas, familias reales, políticos, grandes empresarios, figuras del mundo del espectáculo, etc. Esta constatación por parte de las clases medias y trabajadoras del enorme desequilibrio entre sus propias vidas y los estándares de vida de estas oligarquías, sumada a las aspiraciones lógicas por mejorar el nivel de bienestar propio —a fin de cuentas, esa es la promesa del capitalismo—, hace que sea más probable que surja un grado de insatisfacción con la situación

---

26 Moisés Naím. ¿Por qué la clase media convulsiona la política mundial? Diario ALnavío, 8 de septiembre 2018. Ver online: https://alnavio.com/noticia/14894/firmas/por-que-la-clase-media-convulsiona-la-politica-mundial.html

en general: ¿por qué tanta diferencia si yo me esfuerzo tanto o más que ellos?

Es precisamente de este malestar o desasosiego que se aprovechan los políticos populistas. Si giramos el dial del populismo hacia la izquierda, el "enemigo" es la clase capitalista y burguesa —¡los ricos!—, el "neoliberalismo", el "patriarcado opresor", los empresarios, la iglesia y hasta la misma idea de Dios. A la derecha, la "maldad pura" se cuela en la sociedad a través del establishment globalista, el estado de bienestar, los inmigrantes, los sindicatos, los elementos subversivos. El populismo de izquierda pone acento en la "justicia social", la "redistribución de la riqueza", la "igualdad" a rajatabla; el de derecha, en la "ley y el orden", la "mano dura", el derecho a portar armas.

Sumemos a este cóctel explosivo la mayor conciencia que tienen las masas —aunque sea una conciencia nebulosa e imprecisa—, influidas a este respecto por la transformación de la información en espectáculo, más los escándalos de corrupción y los abusos en que incurren las élites gobernantes, y tenemos el germen de la tormenta perfecta. Por esas grietas, que atraviesan todo el cuerpo social, se cuelan la ruptura de los acuerdos básicos, el deterioro de la convivencia civilizada, el resentimiento, el odio, la violencia... el caos.

Por supuesto, a estas alturas, en la medida que el clamor por las "injusticias" ha llegado a las primeras planas de los diarios y a los estudios de televisión, se han ido sumando a la procesión de los descontentos los grupos antisistema, los marginados, el lumpen, todos ellos "empoderados" después de años de escuchar hasta la saciedad, de boca de la clase política, las cantinelas vacías de significado que hacen alusión al "gobierno ciudadano" y la democracia directa y "participativa", beneficiándose de la multiplicación milagrosa —como Jesús con los panes y los peces— de sus "derechos", en desmedro de sus deberes. Todo en resguardo, claro está, de los intereses de los mismos políticos que han pregonado a los cuatro vientos estos principios.

Al final, da lo mismo el progreso del conjunto de la sociedad, la reducción de la pobreza, la ampliación de las muchas bondades de un modelo que, pese a quien le pese, funciona como motor bien aceitado; lo que cuenta es la percepción de la realidad que tenga el rebaño —¡el *relato* una vez más!—, que seguirá dependiendo de la habilidad de la clase política para introducir en los maltratados cerebros de las masas las verdades a medias o ficciones que más convengan a sus propios fines.

Si entendemos este proceso ya no puede sorprendernos tanto este desmadrarse del "pueblo" en las calles de Chile y del mundo. Era lógico que así ocurriera. Da lo mismo si los que se desbocan son cristianos, musulmanes o ateos, si luchan por los derechos de las "minorías sexuales" o de los "pueblos originarios", si se manifiestan en contra del "imperio" o por el cambio climático, la mejoría del sistema de pensiones, el derecho a la educación, la "igualdad interespecies", el cambio de la Constitución o cualquier otra consigna, lo que tenemos enfrente no es más que un desatarse de la irracionalidad a secas en el espacio público, un mero desbordamiento de las tripas sobre el plato ajeno, la santificación del odio bajo el pretexto de la defensa de los mil y un "derechos" que las masas "empoderadas", ebrias de poder en su impotencia inconmensurable, habrán descubierto de camino a su utopía irrealizable, alimentadas por el machacar del discurso políticamente correcto de los encantadores de serpientes. Porque, a fin de cuentas, una vez que las masas descubran que envenenaron el puchero del que ellas mismas se alimentaban, volverán con la cola entre las piernas a sus sucuchos a lamentarse por lo que tenían y destruyeron en su insensatez infinita.

Los políticos, mientras tanto —¡las viejas élites, a izquierda y derecha!—, seguirán medrando en medio del caos, refocilándose en el punto del dial ideológico que mejor les acomode, reptando como serpientes entre los apetitos de la gente e inventando nuevas causas para mantener a los ilusos comiendo de sus manos.

EL PLEBISCITO DE ABRIL/OCTUBRE ERA UNA TRAMPA... ¿CÓMO NO SE DIERON CUENTA?

Desde un principio fui de la opinión de que el plebiscito de abril/octubre era una trampa. A mi juicio, apostar todas las fichas al rechazo de la nueva Constitución pavimentaba el camino hacia el abismo. Desde el mismo momento en que se firmó el llamado *Acuerdo por la Paz Social y la Nueva Constitución*, suscrito por los partidos integrantes de Chile Vamos, la ex Nueva Mayoría y el Frente Amplio, sectores radicales de la izquierda acusaron que se trataba de una maniobra de la clase política para dar "una salida institucional contrarrevolucionaria" a la crisis, apuntando a sostener el gobierno de Piñera y a "desmovilizar y desactivar la rebelión popular, dando lugar a una Constituyente fraudulenta y regimentada".

Con el pasar de los meses comenzaron a surgir nuevos actores revolucionarios que fueron tomando el protagonismo. Así, a la izquierda orgánica —el PC y el Frente Amplio— y a las distintas organizaciones agrupadas en la llamada Mesa de Unidad Social, comenzaron a sumarse nuevos referentes cada vez más radicalizados, como el movimiento político *Fuerza 18 de Octubre*, creado los primeros días de febrero en Concepción, entre cuyos acuerdos políticos programáticos estaba una declaración que afirmaba que "una mera reforma constitucional, en los marcos del actual régimen, no dará una salida a los anhelos del pueblo trabajador" [27]. Según los fundadores de esta organización —entre los que se contaban el Frente Territorial Anticapitalista de Concepción, el Comité por un Partido de Trabajadores de Santiago, el movimiento Alternativa Socialista de Valparaíso e incluso una comisión internacional del Partido Obrero de Argentina, adhesión que era una clara demostración de la internacionalización del proceso—, "una Asamblea Constituyente sólo podrá ser realmente libre y soberana en tanto se haya impuesto la salida del gobierno y todas las instituciones del Estado que le han sido cómplices, y sea convocada por las organizaciones de las masas en lucha: asambleas populares, territoriales, organizaciones sociales y de trabajadores, etc. Es decir, una Constituyente que asuma el poder político y proceda a la reorganización del país sobre nuevas bases sociales".[28]

Otra organización sobre la que hay que poner atención es el Movimiento Internacional de Trabajadores (MIT), colectividad trotskista fundada en 2017 que pretende, según se lee en su sitio web, "aportar a la construcción de un partido revolucionario chileno e internacional"[29]. El MIT, que es la sección oficial en Chile de la Liga Internacional de los Trabajadores-Cuarta Internacional (LIT-CI), estaba entre los convocantes a iniciar el 8 de marzo de 2020 una huelga general indefinida hasta "derrocar al Presidente Sebastián Piñera", iniciativa frustrada como consecuencia de la inesperada irrupción de la pandemia de COVID-19. En su página de Facebook, este movimiento se presenta como una organización que "recoge el legado histórico de Lenin y Trotsky y tiene como objetivo la toma del poder por los trabajadores y el pueblo, única solución para acabar con la explotación y el capitalismo".[30]

Debemos ser conscientes de que el panorama ideológico que hay detrás de este proceso es, por decir lo menos, complejo, dadas las

---

[27] Chile: nace la "Fuerza 18 de Octubre". Diario online PrensaObrera.com (Argentina). 2 de febrero 2020.

Ver online: https://prensaobrera.com/internacionales/chile-nace-la-fuerza-18-de-octubre/

[28] Ibíd.

[29] Ver sitio web: https://www.vozdelostrabajadores.cl/

[30] Ver MIT Chile Lit-Ci: https://www.facebook.com/mitchilelitci

diferentes visiones, sensibilidades e intereses que existen entre las fuerzas que han lo han desatado. De hecho, el propio MIT declara, en respuesta a un artículo de El Líbero[31], que la organización defiende la idea de que

> ...en Venezuela no hay socialismo sino una dictadura capitalista de Nicolás Maduro que creemos debe caer; que (...) en China también hay una dictadura capitalista y no comunismo; y que desde el momento cero nunca apoyamos ni confiamos en el Chavismo ni gobiernos como los de Evo Morales, o las pseudoizquierdas —como acá la ex Concertación o ex Nueva Mayoría— que con un discurso socialista han aplicado los planes empresariales atacando a los trabajadores.[32]

Esta aparente fragmentación ideológica ofrece, indudablemente, enormes dificultades a la hora de hacer frente a los argumentos que las diversas organizaciones y movimientos esgrimen para justificar su obcecado empeño en dinamitar la institucionalidad del país desde las bases. A este panorama debemos añadir el protagonismo en las calles de elementos con intereses de otro tipo, como los movimientos anarquistas y antisistémicos, el narcotráfico y, por supuesto, el omnipresente lumpen nuestro de cada día, eterno animador de las manifestaciones y protestas.

Esta dispersión implica que el adversario, tal como mencionamos antes, no tiene una cabeza sino muchas (ver *Chile bajo ataque*, página 33). Se trata pues, como ha sido descrito en diversas fuentes, de una revolución molecular, estrategia ofrecida como modelo de las revoluciones modernas por teóricos como Felix Guattari y Gilles

---

[31] Bastián Garcés, *El movimiento de ultraizquierda que domina Plaza Italia y que organiza nuevo estallido para marzo*. El Líbero, 22 de enero 2020. Ver online: https://ellibero.cl/actualidad/el-movimiento-de-ultraizquierda-que-domina-plaza-italia-y-que-organiza-nuevo-estallido-para-marzo-2/

[32] Sobre el artículo de "El Líbero" y los ataques de la derecha por la presencia del MIT en Plaza Dignidad. Ver online: https://www.vozdelostrabajadores.cl/sobre-el-articulo-de-el-libero-y-los-ataques-de-la-derecha-frente-a-la-presencia-del-mit-en-plaza-dignidad

Deleuze, cuyas ideas han sido difundidas a través de medios revolucionarios alternativos, como el colectivo francés Tiqqun[33] y otros, de cuyas contribuciones abrevan también algunos movimientos anarquistas como el grupo Individualistas Tendiendo a lo Salvaje (ITS)[34], con mucha presencia en el origen de la crisis en ese lejano 18 de octubre.

Resumiendo, no hace falta ser demasiado inteligente para comprender la extraordinaria complejidad del momento histórico que vive Chile. Y, como era de esperarse, el plebiscito de octubre no calmó las aguas, todo lo contrario. Por lo demás, pese a todo el esfuerzo puesto en el empeño, pese a todos los recursos prodigados, se perdió igual y la izquierda terminó imponiendo su voluntad de iniciar un proceso constituyente.

En este escenario, uno no puede dejar de preguntarse: ¿en qué benditas cabezas pudo caber la absurda creencia, extendida misteriosamente entre los "chilenos de bien", de que iba a ser posible conjurar la amenaza que se cierne sobre nosotros mediante un plebiscito que nació viciado? ¿Cómo se puede —si se me permite el chilenismo— ser tan "de las chacras"?

---

[33] Ver, por ejemplo: https://tiqqunim.blogspot.com/

[34] http://maldicionecoextremista.altervista.org/tag/individualistas-tendiendo-a-lo-salvaje-its/

UNA PRUEBA DE QUE LO TENÍAN
TODO PREPARADO

Dos meses después de que Bachelet le entregara la banda presidencial a Piñera, el ex candidato presidencial Eduardo Artés dio una esclarecedora entrevista al diario El Día, de la Región de Coquimbo[35]. En la nota, publicada el martes 29 de mayo de 2018 y firmada por el periodista Bastián Álvarez, el ex candidato se pronunció sobre la necesidad de impulsar la creación de una nueva Constitución a través de una Asamblea Constituyente.

En el texto se lee claramente:

> Para Artés, este año comenzarían a verse grandes manifestaciones sociales en contra del gobierno, que generarían que "la estabilidad de este gobierno esté haciendo agua de aquí a un par de años más".

Las proféticas palabras del ex candidato marxista fueron pronunciadas diecisiete meses antes del 18 de octubre. ¡Diecisiete meses! Y aquí sólo hay tres explicaciones posibles: a) el tipo es clarividente; b) es un agudo observador de la realidad —esta es, obviamente, la menos probable—; o c) estaba en posesión de información clave relacionada con los planes que, desde las sombras, urdían los autores intelectuales de la revolución en curso (léase, los astutos sacamuelas del Foro de Sao Paulo y sus socios en las catacumbas del poder global, de cuyo nombre no quiero, por ahora, acordarme). Vale la pena repetirlo: en mayo de 2018 Artés

---

[35] Ver online: http://www.diarioeldia.cl/politica/excandidato-presidencial-union-patriotica-asegura-que-oposicion-debe-superar-quiebre

sabía —¡un año y medio antes!— que durante la administración de Piñera se desatarían "grandes manifestaciones sociales" que pondrían en jaque a su gobierno. Por si fuera poco, se aventuraba a poner un plazo: "de aquí a un par de años".

¿Qué más sabía Artés?

Consultado respecto a su diagnóstico sobre la situación del país, el líder de Unión Patriótica (UPA) y Secretario General del Partido Comunista Chileno (Acción Proletaria), cuya sigla es PC (AP) —no confundir con el Partido Comunista de Chile—, aseguró que el Frente Amplio estaba "dando certificados de buena conducta para que la oligarquía no tenga miedo y Beatriz (Sánchez) pueda ser presidenta, para administrar lo que ya hay". Es decir, el Frente Amplio estaba, de acuerdo a la visión de Artés, traicionando el movimiento popular.

A continuación, el dirigente sostuvo que la Nueva Mayoría estaba quebrada, remarcando que gran parte de la gente de su sector se había abstenido de votar en 2017. En relación al alto porcentaje de votos alcanzado por Piñera señaló que, debido a la baja participación ciudadana, la ventaja obtenida por el actual mandatario sería poco significativa y no le alcanzaría para reclamar legitimidad. En sus palabras, "Piñera no representa a nadie. ¿Qué legitimidad tiene esto? En ningún lugar del mundo esto sería legítimo".

A ver si, por lo menos, entendemos estos dos puntos:

1) Primero, lo obvio. No hay una sola izquierda, hay muchas, y ni entre ellos mismos son capaces de ponerse de acuerdo. [Uno se pone a pensar en el patio de un colegio… o en otros sitios peores]. El tema es, ¿con quién dialogas (o combates), dado el caso?

2) Desde el PC, el PS y el Frente Amplio hacia la izquierda hay un vasto océano de cabezas locas —que no cerebros— que nunca reconocieron a Piñera como legítimo Presidente de Chile.

A este respecto, no está demás profundizar en algunos tópicos mencionados en el capítulo anterior en relación a los acuerdos programáticos del movimiento político *Fuerza 18 de Octubre*, creado a principios de febrero de 2020, entre los cuales citamos algunos:

> La rebelión en Chile empalma con un proceso de rebeliones populares que se han desarrollado y se desarrollan a escala mundial y continental. Desde las rebeliones en los países árabes, como Argelia y Sudán, pasando por la histórica huelga que protagonizan los trabajadores en Francia, y las rebeliones que han tenido lugar en Puerto Rico, Haití y Ecuador, la enorme lucha librada por el pueblo boliviano contra el golpe de Estado reaccionario, los paros generales en Colombia y, más atrás, la rebelión en Nicaragua; dan cuenta de un período signado por la agudización de la lucha de clases. El telón de fondo de todas las ofensivas anti populares de los gobiernos capitalistas y del estallido de las rebeliones, es la agudización de la bancarrota capitalista internacional. Desde su estallido en 2007, todas las medidas de rescate impulsadas por el imperialismo y los Estados capitalistas han fracasado. Se desarrolla una guerra comercial y monetaria entre las principales potencias, y la economía mundial se encamina a una nueva recesión. En América Latina, las rebeliones han puesto en jaque no sólo a gobiernos neoliberales sino también a los que se reclaman "nacionales y populares". Con sus matices, todos ellos han llevado adelante una política de ataque a las condiciones de vida de las masas y a conquistas históricas de los trabajadores.

Y rematan, ojo aquí:

> El resultado del proceso abierto en Chile será determinante y condicionará todo el proceso latinoamericano (punto 6).

Más adelante, en el punto 9 de su programa político, propugnan el

> ...desmantelamiento y disolución de los aparatos represivos del Estado. Disolución del Cuerpo militarizado de Carabineros de Chile y de las FFAA. Por una nueva fuerza de seguridad, reclutada, formada, controlada y revocable por las organizaciones sociales, de trabajadores y de Derechos Humanos. Elección por el voto popular de jueces y fiscales.[36]

Eso es, señores(as), lo que se nos viene.

Sólo cabe esperar que nuestras élites gobernantes y empresariales, grupos que todavía están en condiciones de hacer algo concreto para impedir el advenimiento del "paraíso socialista" en Chile (la clase media no tiene peso para hacerlo), reaccionen conforme a las circunstancias y se pongan a la altura de lo que el país necesita, los unos entregando el necesario respaldo político a las FF.AA. y de Orden para que éstas salgan, debidamente empoderadas, a defender la soberanía nacional —aunándose, para tales efectos, con las fuerzas políticas democráticas de otros países para presentar un frente común en materia jurídica, militar y de inteligencia—, y los otros facilitando el respaldo financiero a una auténtica cruzada libertadora que, esta vez sí, debe considerar el frente de batalla de la cultura, descuidado por tanto tiempo.

---

[36] Ver online: https://prensaobrera.com/internacionales/chile-nace-la-fuerza-18-de-octubre/

CHILE: ¿FALTA DE TESTOSTERONA?

Tal vez sea hora de considerar que la increíble falta de reacción de la clase dirigente chilena ante la revolución que se está consumando en el país tenga un componente bioquímico inesperado: la falta de testosterona. Es que llama poderosamente la atención la forma vergonzosa en que nuestra élite gobernante, incluido el estamento militar, donde se presume debieran estar los principales interesados en preservar el estado de derecho y la institucionalidad, se han rendido casi sin presentar resistencia ante el ataque incesante de las turbas enardecidas que han copado los espacios en prácticamente todo el territorio nacional a partir del 18-O, sin mencionar el predominio de la insurgencia terrorista en la zona de la Araucanía desde hace por lo menos veinte años.

Aun reparando en el hecho de que se trata de un tema global —la sociedad occidental viene enfrentando un proceso de desmasculinización desde hace décadas—, pareciera que lo que hemos visto en Chile en los últimos meses responde a una intensificación del fenómeno, casi como si todos ellos, desprovistos repentinamente de toda noción de valor, de responsabilidad e incluso de dignidad, hubieran decidido convertirse en monigotes de la borra de la sociedad, los enemigos declarados del sistema, las barras bravas de la izquierda radical, el lumpen, el narcotráfico.

Sabemos que el proceso de "deconstrucción" de las sociedades y de la cultura pregonada por los sectores progresistas implica una demolición total de los valores tradicionales y de las instituciones en que se funda nuestra identidad profunda: el individuo, el matrimonio, la familia, la fe, la cultura cristiana, la memoria histórica, el lenguaje, la misma noción de verdad y de justicia, el respeto por la libertad. Todo ello debía ser desmontado, arrasado, dinamitado. No podía ser menos con la verdadera femineidad, en cuanto virtud y fuerza psíquica —que es lo primero que lapidan las feministas de cuarta generación—, ni con la masculinidad.

Ser hombre, hoy en día, es peligroso y está mal visto. La masculinidad, ahora que se culpa al "patriarcado" hasta del cambio climático y de la pobreza en África, atenta contra el corazón de las estrategias globalistas y neomarxistas de nuestro tiempo. El globalismo progresista necesita tanto de hombres privados de fuerza intelectual y de valor —es ahí donde comienza la castración—, como de mujeres despojadas de instinto maternal e incluso de espiritualidad, de interioridad, de capacidad transformadora de la realidad. Es en esa carencia donde nace el anclaje de la voluntad en el nivel de los instintos, reflejando una irrefrenable atracción hacia lo meramente animal cuya consecuencia es la ruptura con el orden natural, la negación de la vida y de la propia matriz —de eso se trata, a nivel simbólico, el aborto—, con la profanación de iglesias como símbolo de esa actitud profundamente sacrílega.

En Occidente, preciso es reconocerlo, es cada vez más difícil encontrar hombres y mujeres con mayúsculas; en cambio, proliferan los machos y las hembras de fachada, empoderados, presuntuosos, superficiales, además, claro está, de una vasta pluralidad de seres anímicamente castrados.

El 8 de junio de 1978, cuatro años después de ser expulsado de la URSS, Alexander Solzhenitsyn pronunció un notable discurso en una ceremonia de graduación de la Universidad de Harvard. En la ocasión, el Premio Nobel de Literatura dijo:

> La merma de coraje puede ser la característica más sobresaliente que un observador imparcial nota en Occidente en nuestros días. El mundo Occidental ha perdido en su vida civil el coraje, tanto global como individualmente, en cada país, en cada gobierno, cada partido político y, por supuesto, en las Naciones Unidas. Tal descenso de la valentía se nota particularmente en las élites gobernantes e intelectuales y causa una impresión de cobardía en toda la sociedad.

El autor ruso remata preguntando a los más de quince mil asistentes:

> ¿Habrá que señalar que, desde la más remota antigüedad, la pérdida de coraje ha sido considerada siempre como el principio del fin?[37]

Volvamos a Chile y dejemos que nuestra mente vague libremente por las calles de Santiago y de nuestras principales ciudades, que acusan el efecto de una inacabable orgía de violencia, caos generalizado, destrucción y saqueos. Es claro que la imagen de ese Chile dista mucho de la imagen interna que los ciudadanos honestos y decentes de este país tienen de la patria que los vio nacer. El ejercicio es devastador y ofrece sólo una conclusión: Chile era un buen país y lo están haciendo pedazos.

Pero yendo un poco más allá, si se proyecta la mirada hacia el interior del entramado del poder, la casa de gobierno, los cenáculos en que se reúnen los políticos y, sobre todo, los cuarteles, la sensación que se apodera de uno es de derrota, de sometimiento, de renuncia vergonzosa. Todos ellos renunciaron a cumplir con su deber, se rindieron —¡sin luchar!— ante las hordas de energúmenos y la torcida "sensibilidad" de los medios, convertidos en meros agentes difusores del discurso oficial impuesto a la fuerza a base de mentiras flagrantes y alevosas, contando con la burda extorsión de los enemigos externos e internos de Chile.

Frente a este fenómeno, anómalo en nuestra historia, la pregunta que nos hacíamos al principio cobra relevancia: ¿es posible que la humillación se deba, simplemente, a una presunta falta de testosterona padecida por quienes tienen la responsabilidad de defender Chile?

Tengo claro que sugerir siquiera esta posibilidad será considerada una falta de respeto por muchos uniformados, especialmente en el Ejército de Chile.

Me disculpo de antemano por ello, nada más ajeno a mis intenciones que denigrar a nuestras gloriosas FF.AA. y de Orden.

---

[37] Ver en: https://resistenciactiva.wordpress.com/2020/02/06/el-declive-de-la-valentia-un-mundo-dividido-en-pedazos/

Estoy consciente de que, especialmente en las filas del Ejército, pesa mucho el haber sido abandonados por el mundo civil durante la despiadada e injusta persecución judicial de la que están siendo víctimas quienes jugaron un rol activo durante el gobierno militar, ni qué decir del acoso mediático que han venido padeciendo los mismos uniformados desde hace décadas. En este sentido, el descaro con que han actuado el puñado de jueces y fiscales prevaricadores que lideran la persecución ha sido posible única y exclusivamente por la cobardía inexcusable de una derecha que traicionó a quienes salvaron al país del marxismo en 1973.

Un segundo argumento es la subordinación del estamento militar a la autoridad política. Los especialistas señalan que, por formación, los militares no están dispuestos a entrar en el terreno político, sobre todo teniendo en cuenta los resultados de la experiencia del 73.

Lo que se niegan a ver quiénes esgrimen estos argumentos es que, aun teniendo en cuenta el hecho de que el mundo militar está dolido —y con razón por lo que sucedió con muchos de sus hombres una vez recuperada la democracia—, hay mucha gente en este país que no tuvo ni arte ni parte en la vergonzosa traición de que fueron objeto nuestras FF.AA. y de Orden. La mayoría de esos chilenos son gente honesta, de trabajo, respetuosa de la ley y amante de nuestras tradiciones; hoy, sin embargo, esa gente se encuentra totalmente indefensa. Son esos chilenos de a pie, esos ciudadanos que no se sienten representados por el establishment político ni por lo que dicen los medios, los que, horrorizados frente lo que está sucediendo en nuestras calles, teniendo en cuenta el negro futuro que se avizora, le reclaman hoy a los uniformados que asuman el deber de defender a la patria una vez más.

Pienso que no es razonable abstenerse de actuar con la excusa —por legítima que sea— de que la responsabilidad es de un tercero, en este caso, de la clase dirigente. Pues, convengamos, ¿y si esa clase dirigente traiciona a la patria —como en efecto lo está haciendo la actual generación de políticos—, los militares avalarán esa traición?

En el propio sitio web del Ejército de Chile se dice que la misión primordial de la institución "es garantizar la soberanía nacional, mantener la integridad territorial y proteger a la población, instituciones y recursos vitales del país, frente a cualquier amenaza o agresión externa". La pregunta es: ¿acaso no está seriamente amenazada la soberanía nacional el día de hoy? ¿No están desprotegidas la población y las instituciones de este país? ¿No somos víctimas, acaso, de una evidente agresión externa, habiéndose constatado la fuerte presencia en nuestro territorio de funcionarios de inteligencia extranjeros —fundamentalmente cubanos y venezolanos—, que operan en conjunto con organizaciones guerrilleras y terroristas de carácter internacional asociadas a cárteles del narcotráfico, sin mencionar el financiamiento que organizaciones y gobiernos extranjeros proporcionan a la insurgencia?

Y frente a ello, ¿es legítimo negarse a cumplir dicha "misión primordial" simplemente por haber recibido "el pago de Chile" por los servicios prestados en el pasado en el cumplimiento, precisamente, de dicha misión? ¿Es acaso legítimo excusarse de actuar conforme a los principios que justifican su propia existencia —honrando, de paso, su gloriosa historia—, sólo por el hecho de que la actual clase política, esos "hijos de Pinochet", son un asco?

Es entendible el drama de la generación de uniformados perseguidos y encarcelados por su participación en los hechos de 1973; es entendible el resentimiento, la rabia, el desencanto de la institución ante ese abandono. ¿Pero puede esgrimirse ese trauma para justificar no abordar hoy, como en el pasado, la necesidad de actuar poniendo por delante —¡justamente como esos camaradas suyos del 73!— el cumplimiento del deber?

Es verdad que, en el presente, falta el apoyo político del 73. Pero ante el hecho innegable de que el país está siendo entregado en bandeja a sus enemigos internos y externos, ¿no sería razonable comenzar a plantearse la necesidad de hacer algo por rescatar la institucionalidad amenazada?

SOBRE LA CARTA DE MONSEÑOR VIGANÒ A TRUMP (2020): SEGUIR AL *CONEJO BLANCO...*

La carta que le envió Monseñor Carlo María Viganò al presidente Donald Trump debe ser uno de los hechos más significativos del 2020. Rara vez vemos a una autoridad de ese nivel hacer una alusión tan explícita al trasfondo metafísico de los acontecimientos mundiales. Pero el prelado italiano, cuyo paradero se desconoce desde hace por lo menos un año, no tiene pelos en la lengua. Ya en agosto de 2018 había pedido la renuncia al Papa Francisco por encubrir los abusos sexuales en la Iglesia Católica. Con anterioridad, poco antes de que estallara el escándalo Vatileaks en 2012, le había advertido a Benedicto XVI el nivel devastador que había alcanzado la corrupción al interior de la Curia.

La carta a Trump, fechada el 13 de junio, día de la Santísima Trinidad —y también del aniversario de la segunda aparición de la Virgen en Fátima—, es una especie de *píldora roja* que ayudará a los buscadores de la verdad a percibir la realidad más allá de las apariencias (a fin de cuentas, la vida no es más que un baile de máscaras).

Quienes aspiren a comprender cómo —¡y por qué!— en tan sólo unos pocos meses el mundo que conocíamos parece haberse ido por el excusado, tendrán que atreverse a recoger el hilo dejado atrás en el laberinto y seguir las migajas rumbo a lo desconocido. El rastro de esa travesía por las catacumbas de la realidad conducirá inexorablemente a desenmascarar a los rufianes que tiraron de la cadena.

Para decirlo en pocas palabras y en clave de cuento: para iluminar el camino de los descreídos, Monseñor Viganò se puso un disfraz de *Conejo Blanco*.

Bien, ¿qué sucede *allá afuera*?

Veamos qué dice el Conejo:

Primero, la idea principal expuesta en la carta es que lo que está sucediendo en el mundo exterior, ese estado de cosas en que "los buenos son tomados como rehenes por los malvados y por aquellos que los ayudan", es un episodio más de la eterna lucha entre el Bien y el Mal. En palabras sencillas pero contundentes, Monseñor Viganò explica que las fuerzas combatientes no son otras que las huestes de los *hijos de la Luz* contra los *hijos de la Oscuridad*.

No se necesita ser muy perspicaz para entender que, ante semejante disyuntiva, no hay otra solución que elegir bando.

Es decir, el Conejo le guiña un ojo a cada ciudadano del planeta y le pregunta: ¿de qué lado se va a poner usted?

O, para precisar: ¿es usted un *hijo de la Mujer* —es decir, humano en toda la regla— o un *hijo de la Serpiente*?

Segundo, esta lucha se lleva a cabo en todos los planos, aunque Viganò sólo hace alusión a dos: el plano político y el religioso (el *Estado Profundo* y la *Iglesia Profunda*).

Ciertamente debemos entender que, aún en esos escenarios, hay distintos niveles: arriba, abajo, adentro, afuera, visible, invisible… espíritu, materia.

Tercero, en la batalla que hoy se libra sobre el planeta tierra —que, por supuesto, es el escenario de lo humano en sí— hay involucradas entidades no-humanas. ¿Extraterrestres? Puede ser, pero no en el sentido de lo que la cultura popular concibe como tales. De hecho, tiendo a creer que muchos estudiosos del fenómeno ovni —que dedican buena parte de sus esfuerzos a especular sobre las mil y una teorías que hablan de las presuntas razas extraterrestres que, según ellos, nos visitan— harían bien en dedicar algo de su energía al campo de la demonología y el ocultismo.

En ese contexto, los *hijos de la Luz* —es decir, *la parte más conspicua de la humanidad*, según Viganò— tendrían por aliados a ciertas altas entidades que, a nivel espiritual, se encontrarían asistiendo al ser humano en su camino de evolución sobre el escenario terrestre. El propósito de esas elevadas entidades, que actuarían persiguiendo sus propias metas evolutivas, sería la evolución natural de todos los seres que se encuentran bajo su propio horizonte (o *cielo*) de existencia —es decir, bajo su cuidado—, salvaguardando al ascenso de cada una de ellas a un nivel superior de manifestación o de consciencia.

En este punto debemos comprender que evolucionar hacia un estado superior del ser es lo que, en la carta de Viganò y en la tradición cristiana, se entiende como "obediencia a la Ley de Dios", lo que a su vez significa evolucionar de acuerdo al orden natural de las cosas.

Para precisar aún más nos vendría bien hacer un breve paréntesis y considerar que la herencia sapiencial del Occidente cristiano describe este proceso de ascensión como una especie de Escalera (al *Cielo*) que conduce la consciencia a través de una secuencia de peldaños —o *reinos*— hasta la suprema meta evolutiva, que se denomina *El Trono de Dios*. Este camino de ascensión comienza en la tierra con los reinos mineral, vegetal, animal y humano, y se extiende más allá hacia los reinos de los Ángeles, Arcángeles, Principados, Potestades, Virtudes, Dominaciones, Tronos, Querubines y Serafines, según los define la nomenclatura cristiana. Todas estas entidades conformarían los *coros celestiales* que interactúan unos con otros a escala universal en distintos niveles, afectando la existencia en todos los planos.

En la mitología cristiana —es decir, desde el punto de vista humano— el adalid de esas altas entidades sería San Miguel Arcángel, el protector del mundo y representante de la Justicia Divina.

Es revelador, a este respecto, que tras la renuncia de Ratzinger y la asunción de Bergoglio en 2013, la primera actividad conjunta de ambos pontífices fuera la inauguración de un monumento al Arcángel Miguel en los jardines del Vaticano, acto en el cual se produjo, de hecho, la consagración de la Ciudad del Vaticano al propio San Miguel.

En la ocasión el pontífice recién electo señaló, entre otras cosas:

> En el camino y en las pruebas de la vida no estamos solos, estamos acompañados y sostenidos por los ángeles de Dios, que ofrecen, por decirlo así, sus alas para ayudarnos a superar tantos peligros, para poder volar alto respecto a las realidades que pueden hacer pesada nuestra vida o arrastrarnos hacia abajo. Al consagrar el Estado de la Ciudad del Vaticano a san Miguel arcángel, le pedimos que nos defienda del Maligno y que lo arroje fuera.[38]

Prosiguiendo con los dichos de Viganò, debemos insistir en que lo medular de su mensaje es que lo que se ha desatado en la tierra tendría que ver con esa lucha entre Dios y Satanás, los "enemigos eternos".

Y aquí nos interesa distinguir al *Conejo* metiendo sus manos.

El interminable combate entre el Bien y el Mal, entre la *Luz* y las *Tinieblas*, puede ser visto también como una representación simbólica entre la perenne confrontación entre dos impulsos: uno, el luminoso, que representa al ser ascendiendo hacia su plena realización "en Dios", el *Ser Supremo* (hablamos del ser que alcanza la plenitud de su propia condición); y el otro, que es un impulso oscuro y tenebroso, aludiendo al ser que se hunde —que se disuelve, más bien— en lo Inferior. Este impulso hacia lo bajo —la *caída*— se personifica simbólicamente en la figura de Satanás (que significa "el Adversario"), la *Serpiente Antigua* o *Dragón*, instigador del *pecado*, concepto que simboliza a su vez el descenso por el *mal camino* que conduce al hombre hacia el no-ser, en otras palabras, hacia la *Nada*.

Pareciera como si el *Conejo* nos dijera aquí:

La lucha que se ha desatado en la tierra es una pugna entre el ser y el no-ser; es decir, entre lo que evoluciona y lo que no. Desde

---

[38] En el siguiente enlace se puede ver el discurso completo de Francisco: http://www.vatican.va/content/francesco/es/speeches/2013/july/docume nts/papa-francesco_20130705_statua-san-michele.html

cierto punto de vista se trata de una lucha entre civilización y barbarie. Otro modo de plantearlo es como un combate entre lo que se realiza en lo humano y lo que lo que se solaza en la bestia.

De este modo, se trataría, en el fondo, de proyectarse hacia el ángel o de retroceder hacia el animal. Es cosa de analizar el comportamiento de las turbas en las protestas callejeras que se han extendido como un reguero de pólvora por todo el planeta para entender de qué estamos hablando aquí.

Todos los *Conejos* del globo (hoy está plagado de ellos; y esa sí que es una buena plaga) lo tienen claro.

Digámoslo con claridad:

Lo que hoy se ha desatado en el mundo fue sembrado, cultivado y esparcido *urbi et orbi* por los hijos de la Oscuridad, que pertenecen al *Estado* y a la *Iglesia Profundos*. Estos hombres y mujeres son los representantes de la vieja élite que maneja las finanzas mundiales, a cuyo servicio está la corte de burócratas globalistas que fungen como escuderos de sus amos ocultos.

Hay una larga lista de personajes oscuros que podemos citar aquí, encabezada por las grandes familias que manejan la economía global desde la City de Londres y los meandros de Wall Street, entre otros centros de poder, pero también están Soros, Bill Gates, el matrimonio Clinton, Obama y tantos otros, además del Papa Bergoglio y buena parte de la Curia romana y de las autoridades eclesiásticas de los distintos países, junto a las cúpulas de algunas órdenes religiosas, algunos miembros de las Casas Reales, los miles de lacayos del sistema que vegetan en sus satrapías de los organismos internacionales, los magnates de la industria de la entretención, los dueños de los medios, etc.

Todo lo qué está sucediendo hoy tiene ese trasfondo, es necesario repetirlo hasta la saciedad: se trata de una guerra entre el ser y el no-ser. La ideología de la indefinición, que se ha extendido por el planeta como una mancha de petróleo, persigue denodadamente destruir todas las categorías que conforman la estructura interna del mundo y le dan sustancia a la vida en común. Así, los *caídos* buscan destruir los países, las identidades nacionales, la familia, el género, la raza, el lenguaje. Para ellos, todo lo que implica hacer una distinción es negativo, pues su proyecto supone borrar las fronteras entre bueno y malo, alto y bajo, moral e inmoral, ciencia y superstición.

Pero la ética y la moral necesitan de la distinción para que sea posible el discernimiento. En el mundo de la indistinción, ellos reinarán por fin —ya sin oposición alguna— mostrando toda su perversión, pues habrán abolido en la humanidad dormida, animalizada, la capacidad de discernir y de razonar, con lo que conseguirán ocultar su profunda, abyecta degeneración.

Además, el hombre-animal, el hombre manada, el hombre rebaño, es más fácil de controlar.

Pero, dice el *Conejo*:

Frente a esa *caída* inconmensurable y vergonzosa de la élite globalista y sus lacayos, hay hombres —y mujeres— que le han plantado cara a la *Serpiente*.

Llegados al borde del abismo, a la humanidad no le queda más que romper las cadenas de la esclavitud. La alternativa es el sometimiento perpetuo, la muerte del alma, la destrucción definitiva de los puentes que aún mantienen abierto el vínculo con lo alto, fuente de todo lo bueno, bello y verdadero que hay en el mundo.

¿Se entiende?

El *Conejo Blanco* nos dice: es hora de tomar las armas —en el más amplio sentido de la palabra— y combatir.